KB270058

캠퍼스 교양 일본어

다락원

머리말

『캠퍼스 교양일본어』는 기초부터 체계적으로 일본어를 배우고자 하는 초급 학습자들을 위한 교재입니다. 기본적으로는 대학 교재용으로 집필하였으나, 독학을 하고자 하는 일반 학습자들도 충분히 이용할 수 있도록 구성하였습니다. 따라서 새로 나온 문형이나 문법을 최대한 상세히 설명하여, 독학이 가능한 교재를 만들고자 노력하였습니다.

『캠퍼스 교양일본어』는 필자 자신의 독학 경험과, 대학에서 오랫동안 교양일본어를 가르쳐온 경험을 토대로 집필한 교재입니다. 다양한 형태의 교재를 사용해 강의를 하다 보면, 교재를 어떻게 만들어야 더욱 효과적인 학습이 가능한지를 직감할 수가 있습니다. 또한 시험 답안지를 채점하다 보면, 일본어를 처음 접하는 학습자들이 어떤 부분을 어려워하고, 어떤 점을 혼동하는지를 파악할 수가 있습니다. 그러한 현장에서의 오랜 경험들을 『캠퍼스 교양일본어』에 최대한 반영하고자 하였습니다.

따라서 효율적이고 체계적인 일본어 학습을 위해 이 책에서는 다음과 같은 점에 주안점을 두었습니다.

1. 일상생활에서 활용 가능한 회화체 문장 속에 기초적인 문법을 담아, 회화를 익히면서 자연스럽게 문법에 친숙해지도록 했습니다.
2. 실생활에서 사용 가능한 살아있는 표현과 문장들을 담았습니다.
3. 한 과에 두 가지 상황을 설정하여, 상황별로 적절한 표현들을 학습할 수 있도록 하였습니다.
4. 독학도 가능하도록 문형과 문법을 상세히 설명하였습니다.
5. 문형과 문법에 대한 이해를 돕기 위해 반드시 예문을 제시하고, 구문연습을 마련하였습니다.
6. 한 권 안에 주요 문법을 집약해서 담았습니다.

일본어는 발음이 쉬우며, 어순이나 문법, 단어 등에서 한국어와 공통점이 많기 때문에 한국인들에게는 투자 대비 효율이 가장 높은 외국어입니다. 이 교재가 여러분의 효과적인 일본어 학습에 많은 도움이 되었으면 합니다.

이 교재가 출판되기까지 수고해주신 (주)다락원의 모든 분들께 감사드립니다. 그리고 이 교재는 2014년도 한국체육대학교 특성화역량개발사업의 지원을 받아 수행된 결과물임을 밝혀 둡니다.

저자 드림

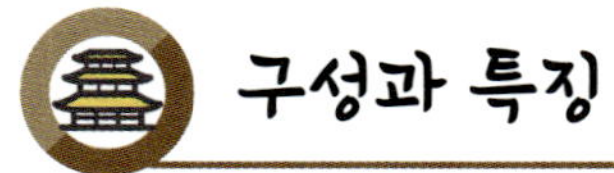

구성과 특징

mp3파일은 다락원 홈페이지 www.darakwon.co.kr에서 무료 다운로드

이 책은 일본어 입문자를 위한 교재로, 일본어의 문자와 발음에서부터 기초 문법과 기초 회화까지 학습할 수 있도록 구성되어 있습니다.
전체는 15과로, 각 과는 학습 가이드를 비롯해 회화(상황 1, 2), 문법, 구문연습으로 이루어져 있으며, 회화는 원어민의 발음으로 들으실 수 있습니다.

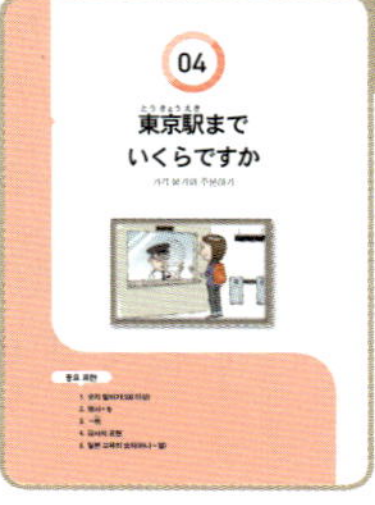

学習ガイド

이 과의 학습목표와 중요 표현을 정리하였습니다.

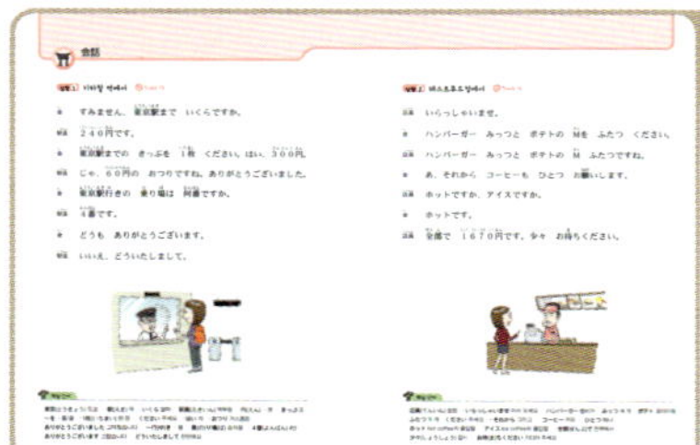

会話

한국대학 1학년으로 현재 일본대학에 교환학생으로 유학 중인 김사랑 양과 일본대학 1학년인 야마시타 이치로 군, 그리고 김사랑의 옆집에 사는 OL 나카무라 미호 씨의 이야기를 2개의 짧고 쉬운 상황 회화로 구성하였으며, 본문 이해에 도움이 되도록 중요 단어는 핵심 단어에 정리하였습니다.

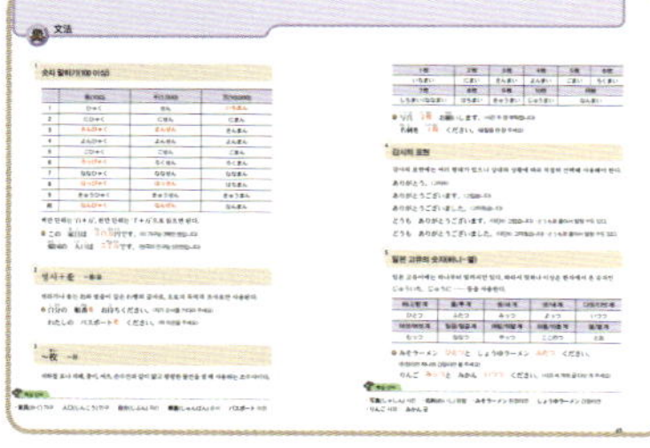

文法

회화에 나오는 중요 문법이나 문형 등의 포인트를 잡아 알기 쉬운 설명과 함께 다양한 예문을 수록하였습니다.

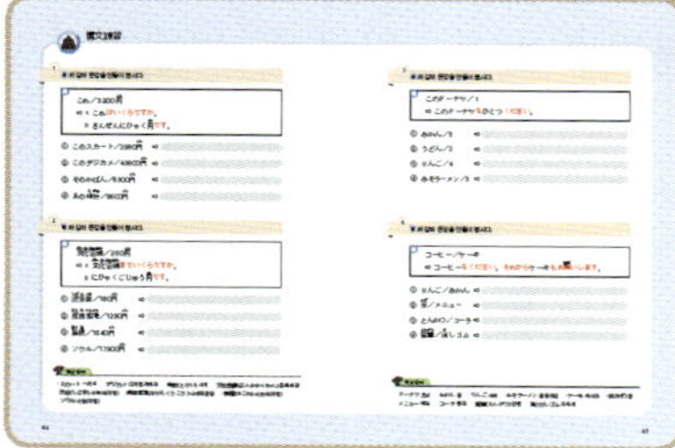

構文練習

会話와 文法에서 학습한 문법이나 문형을 다양한 어휘를 활용하여 연습할 수 있습니다. 쓰기 연습은 물론 말하기 연습으로도 활용해 보세요. 실제 일본어 표기에 적응하도록 띄어쓰기를 적용하지 않았습니다.

차례

일본어 문자와 발음 I

일본은 중국의 한자를 수입해 사용하다가 9~10세기경 한자를 변형시켜 고유의 문자를 만들었다. 그 문자를 가나(仮名 : kana)라고 하는데, 가나에는 히라가나(平仮名 : hiragana)와 가타카나(片仮名 : katakana)의 두 종류가 있다. 일본어 표기를 위해서는 가나와 함께 한자(漢字 : kanji)를 섞어서 사용하고 있다.

1 히라가나(平仮名)

한자의 초서체를 토대로 만들어졌으며, 영어의 필기체처럼 곡선을 위주로 한 부드러운 느낌의 문자이다. 일본어 표기에서 가장 많은 비중을 차지한다.

2 가타카나(片仮名)

한자의 일부분을 떼어내어 만든 문자로, 영어의 인쇄체처럼 직선적이다. 주로 외래어 표기에 쓰이며, 의성어나 의태어 등에도 사용된다.

3 한자(漢字)

중국의 한자를 그대로 사용하기도 하지만, 획수가 많은 한자의 경우는 일본식 약자를 만들어 사용하고 있다. 따라서 일본어를 학습할 때는 일본식 약자에 친숙해져야 한다.

예 國→国　學→学　會→会　讀→読

또한 일본에서 만든 고유의 한자도 있다.

예 辻(つじ) 사거리

峠(とうげ) 고개

丼(どん) 덮밥

嬲(なぶ)る 희롱하다

오십음도 Track 01

	히라가나					가타카나				
	a단	i단	u단	e단	o단	a단	i단	u단	e단	o단
a행	あ a	い i	う u	え e	お o	ア a	イ i	ウ u	エ e	オ o
ka행	か ka	き ki	く ku	け ke	こ ko	カ ka	キ ki	ク ku	ケ ke	コ ko
sa행	さ sa	し shi	す su	せ se	そ so	サ sa	シ shi	ス su	セ se	ソ so
ta행	た ta	ち chi	つ tsu	て te	と to	タ ta	チ chi	ツ tsu	テ te	ト to
na행	な na	に ni	ぬ nu	ね ne	の no	ナ na	ニ ni	ヌ nu	ネ ne	ノ no
ha행	は ha	ひ hi	ふ hu	へ he	ほ ho	ハ ha	ヒ hi	フ hu	ヘ he	ホ ho
ma행	ま ma	み mi	む mu	め me	も mo	マ ma	ミ mi	ム mu	メ me	モ mo
ya행	や ya		ゆ yu		よ yo	ヤ ya		ユ yu		ヨ yo
ra행	ら ra	り ri	る ru	れ re	ろ ro	ラ ra	リ ri	ル ru	レ re	ロ ro
wa행	わ wa				を wo	ワ wa				ヲ wo
	ん n					ン n				

일본어 문자와 발음 2

1 청음(清音せいおん) Track 02

あ행

あ	い	う	え	お
a	i	u	e	o
ア	イ	ウ	エ	オ

う는 우리말의 '우'와 '으'의 중간음이다.

예 あい 사랑　　いい 좋다　　うえ 위
いいえ 아니오　　え 그림　　あお 파랑

か행

か	き	く	け	こ
ka	ki	ku	ke	ko
カ	キ	ク	ケ	コ

か행의 [k]는 단어의 첫머리에 올 때는 'ㅋ'에 가깝게 발음하고, 그 외의 경우는 'ㄲ'에 가깝게 발음한다.

예 かお 얼굴　　かい 조개　　き 나무
いく 가다　　いけ 연못　　ここ 여기

さ행

さ	し	す	せ	そ
sa	shi	su	se	so
サ	シ	ス	セ	ソ

し는 [si]가 아니라 [shi]로 발음하며, す는 우리말의 '으'음에 가까운 '스'로 발음한다.

예 さけ 술　　かさ 우산　　しお 소금
すし 초밥　　せかい 세계　　そこ 거기

た행

た	ち	つ	て	と
ta	chi	tsu	te	to
タ	チ	ツ	テ	ト

た, て, と는 단어 첫머리에 올 때는 'ㅌ'에 가깝게 발음하고, 그 외의 경우는 'ㄸ'에 가깝게 발음한다.
ち, つ는 단어 첫머리에 올 때는 'ㅊ'에 가깝게 발음하고, 그 외의 경우는 'ㅉ'에 가깝게 발음한다.

예 たこ 낙지　　かた 어깨　　つち 흙, 땅
て 손　　てつ 철　　おと 소리

な행

な	に	ぬ	ね	の
na	ni	nu	ne	no
ナ	ニ	ヌ	ネ	ノ

예 なな 7　　なつ 여름　　なに 무엇
ぬの 천　　ねこ 고양이　　のり 김

は행

は	ひ	ふ	へ	ほ
ha	hi	hu	he	ho
ハ	ヒ	フ	ヘ	ホ

예 はは 어머니　　はな 꽃　　ひふ 피부
ふく 옷　　へそ 배꼽　　ほし 별

ま행

ま	み	む	め	も
ma	mi	mu	me	mo
マ	ミ	ム	メ	モ

예 まめ 콩　　みみ 귀　　みち 길
むね 가슴　　め 눈　　もも 복숭아

일본어 문자와 발음 2

や행

や		ゆ		よ
ya		yu		yo
ヤ		ユ		ヨ

예 やま 산　　おや 부모　　ゆき 눈
まゆ 눈썹　　よこ 옆　　よる 밤

ら행

ら	り	る	れ	ろ
ra	ri	ru	re	ro
ラ	リ	ル	レ	ロ

예 むら 마을　　ゆり 백합　　さる 원숭이
はる 봄　　れつ 줄, 열　　しろ 흰색

わ행

わ				を
wa				wo
ワ				ヲ

예 わたし 나, 저　　かわ 강　　にわ 뜰, 마당
わたあめ 솜사탕　　わに 악어　　を ~을(를)

ん

ん
n
ン

예 ごはん 밥　　しんぶん 신문　　ほん 책

2 탁음(濁音)

Track 03

탁음은 청음 중 か, さ, た, は행에 탁음부호 '゛'를 오른편 위에 찍어 흐리게 읽는 음이다.

が행

が	ぎ	ぐ	げ	ご
ga	gi	gu	ge	go
ガ	ギ	グ	ゲ	ゴ

が행은 우리말에서 'ㄱ'음이 단어 첫머리에 오지 않을 때의 음과 유사하다. (예: 고고학, 감기)

예 えいが 영화 　かぎ 열쇠 　かぐ 가구
げた 나막신 　ごご 오후 　ごみ 쓰레기

ざ행

ざ	じ	ず	ぜ	ぞ
za	ji	zu	ze	zo
ザ	ジ	ズ	ゼ	ゾ

예 ざせき 좌석 　じこ 사고 　すず 방울
ちず 지도 　かぜ 감기 　かぞく 가족

だ행

だ	ぢ	づ	で	ど
da	ji	zu	de	do
ダ	ヂ	ヅ	デ	ド

ぢ는 じ, づ는 ず와 같은 음이다. 일반적으로는 じ와 ず를 사용하고, ぢ와 づ는 복합어나 같은 음의 반복으로 인해 흐려지는 등의 특수한 경우에만 사용한다.

예 だげき 타격 　はなぢ(はな+ち) 코피 　ちぢみ 줄어듦
つづき 계속 　でぐち 출구 　どこ 어디

일본어 문자와 발음 2

ば행

ば	び	ぶ	べ	ぼ
ba	bi	bu	be	bo
バ	ビ	ブ	ベ	ボ

예 ばか 바보　　ばいばい 매매　　くび 목
ぶた 돼지　　かべ 벽　　ぼく 나(남성의 1인칭)

3 반탁음(半濁音)

Track 04

반탁음은 は행의 오른편 위에 반탁음 부호 '°'를 붙여서 표기하는 문자이다.

ぱ행

ぱ	ぴ	ぷ	ぺ	ぽ
pa	pi	pu	pe	po
パ	ピ	プ	ペ	ポ

ぱ행은 단어 첫머리에 올 때는 우리말의 'ㅍ'에 가깝게 발음하고, 그 외의 경우는 'ㅃ'에 가깝게 발음한다.

예 ぱちぱち 깜박깜박　　ピアノ 피아노　　ぴかぴか 반짝반짝
パイプ 파이프　　ぺこぺこ 배가 몹시 고픔　　ぽろり 똑(맥없이 떨어지는 모양)

4 요음(拗音)

Track 05

요음은 い단의 글자 오른편 아래에 や, ゆ, よ를 작게 붙여 써서 한 음절로 발음하도록 한 문자이다. 단, い에는 붙일 수 없다.

きゃ	きゅ	きょ
kya	kyu	kyo
キャ	キュ	キョ

ぎゃ	ぎゅ	ぎょ
gya	gyu	gyo
ギャ	ギュ	ギョ

예 きゃく 손님　　やきゅう 야구　　きょり 거리
ぎゃく 반대　　ぎゅうにく 쇠고기　　ぎょうざ 만두

しゃ	しゅ	しょ
sya	syu	syo
シャ	シュ	ショ

じゃ	じゅ	じょ
ja	ju	jo
ジャ	ジュ	ジョ

예 しゃしん 사진　　しゅみ 취미　　しょうぶ 승부
じゃま 방해　　きょうじゅ 교수　　じょせい 여성

ちゃ	ちゅ	ちょ
cha	chu	cho
チャ	チュ	チョ

예 おちゃ 차　　ちゅうい 주의
ちょうさ 조사

にゃ	にゅ	にょ
nya	nyu	nyo
ニャ	ニュ	ニョ

예 こんにゃく 곤약　　にゅうがく 입학
にょうぼう 아내

ひゃ	ひゅ	ひょ
hya	hyu	hyo
ヒャ	ヒュ	ヒョ

びゃ	びゅ	びょ
bya	byu	byo
ビャ	ビュ	ビョ

ぴゃ	ぴゅ	ぴょ
pya	pyu	pyo
ピャ	ピュ	ピョ

예 ひゃく 100　　ひょうか 평가　　さんびゃく 300
デビュー 데뷔　　びょうき 병　　ぴょこぴょこ 깡충깡충

みゃ	みゅ	みょ
mya	myu	myo
ミャ	ミュ	ミョ

예 みゃく 맥　　ミュージアム 박물관
みょうじ (사람의) 성

りゃ	りゅ	りょ
rya	ryu	ryo
リャ	リュ	リョ

예 りゃくじ 약자　　りゅうがく 유학
りょうり 요리

일본어 문자와 발음 2

5 촉음(促音[そくおん])

촉음은 つ를 작게 써서 표기하며, 뒤에 오는 음에 따라 달리 발음된다. 우리말의 받침과 비슷한 기능을 하지만, 우리말과는 달리 한 음절의 길이를 갖는다.

1 か행 앞에서는 [k]

예 さっか 작가　　がっき 악기　　がっこう 학교

2 さ행 앞에서는 [s]

예 あっさり 산뜻하게　　ざっし 잡지　　けっせき 결석

3 た행 앞에서는 [t]

예 ぜったい 절대　　きって 우표　　ちょっと 잠깐

4 ぱ행 앞에서는 [p]

예 いっぱい 한 잔, 가득　　きっぷ 표　　いっぴき 한 마리

5 가타카나에서의 촉음은 ッ를 작게 써서 표기한다.

예 サッカー 축구　　ロッカー 사물함　　ヒット 히트

6 발음(撥音[はつおん])

발음은 ん으로 표기하며, 촉음처럼 뒤에 오는 음에 따라 달리 발음된다. 촉음과 마찬가지로 우리말의 받침과 비슷한 기능을 하지만, 우리말과 달리 한 음절의 길이를 갖는다.

1 ば・ぱ・ま행 앞에서는 [m]

예 さんばい 세 배　　かんぶ 간부　　かんぱい 건배

さんぽ 산책　　あんま 안마　　ぶんめい 문명

2 ざ・た・だ・な・ら행 앞에서는 [n]

예 ばんざい 만세　　せんたく 세탁　　もんだい 문제

おんな 여자　　あんない 안내　　べんり 편리

3 か·が행 앞에서는 [ŋ]

예 かんこく 한국　　まんが 만화　　にんき 인기

4 あ·さ·は·や·わ행 앞이나 단어 끝에서는 [N]

예 れんあい 연애　　せんせい 선생님　　ほんや 책방
でんわ 전화　　にほん 일본　　しんぶん 신문

5 가타카나에서의 발음은 ン으로 표기한다.

예 ランチ 런치　　レストラン 레스토랑　　ハンバーガー 햄버거

7 장음(長音(ちょうおん))

장음은 앞 글자의 모음을 한 박자 길게 발음하라는 뜻이며, 히라가나에서는 あ, い, う, え, お로 표기한다. 일본어에서는 음의 길이에 따라 뜻이 달라지니 주의해서 발음해야 한다.

1 あ단 → あ

예 おかあさん 어머니　　おばあさん 할머니

2 い단 → い

예 おにいさん 오빠(형)　　おじいさん 할아버지　　いいえ 아니오

3 う단 → う

예 くうき 공기　　くつう 고통　　すうがく 수학

4 え단 → え, い

예 おねえさん 언니(누나)　　えいご 영어　　けいざい 경제

5 お단 → お, う

예 おおさか 오사카　　おとうさん 아버지　　しょうり 승리　　じゅうどう 유도

6 가타카나에서의 모든 장음은 부호 'ー'로 표기한다.

예 ジュース 주스　　チーズ 치즈　　コーヒー 커피　　ニュース 뉴스

일본어 문자와 발음 3

1 외래어 표기법

모든 외래어는 가타카나로 표기한다. 하지만 〈일본어 문자와 발음 2〉에서 제시한 가타카나만으로는 다양한 외래어에 대응할 수가 없다. 따라서 고유어에는 없는 외래어의 음을 좀 더 원음에 가깝게 표기하고자 별도의 가타카나를 만들었다. 요음처럼 글자 크기를 조절하여 만든 가타카나는 다음의 33개다.

イェ	ウィ	ウェ	ウォ							
クァ	グァ	クィ	クェ	クォ						
シェ	ジェ									
チェ	ツァ	ツィ	ツェ	ツォ	ティ	ディ	テュ	デュ	トゥ	ドゥ
ファ	フィ	フェ	フォ	フュ						
ヴァ	ヴィ	ヴ	ヴェ	ヴォ	ヴュ					

예 ウェブサイト website　　クエスチョン question
シェアハウス sharehouse　　パーティー party
フィルム film　　ヴィクトリア Victoria

2 한자 읽는 법

일본어의 한자는 음독과 훈독의 두 가지 방법으로 읽는다. 따라서 같은 한자가 전혀 다른 음으로 읽히기도 한다.

1 음독(音読): 한자를 중국의 원음에 가깝게 읽는 법

예 家族(かぞく) 가족　　男子(だんし) 남자
女子(じょし) 여자　　飲料水(いんりょうすい) 음료수

2 훈독(訓読): 한자를 뜻에 의해 읽는 법

예 家(いえ) 집　　男(おとこ) 남자
女(おんな) 여자　　飲(の)み物(もの) 마실 것

はじめまして

처음 만나는 사람과 대화하기

중요 표현

1. 명사+は
2. 명사문
3. 명사+の+명사
4. 인칭대명사
5. ~と いいます

会話

상황 1 대학 강의실에서 Track 09

金(キム) はじめまして。キム・サランです。
どうぞ　よろしく　お願(ねが)いします。

山下(やました) はじめまして。山下一郎(やましたいちろう)です。
どうぞ　よろしく　お願(ねが)いします。
キムさんは　日本大学(にほんだいがく)の　学生(がくせい)ですか。

金(キム) いいえ、わたしは　日本大学(にほんだいがく)の　学生(がくせい)では　ありません。
韓国大学(かんこくだいがく)の　学生(がくせい)です。

山下(やました) 何年生(なんねんせい)ですか。

金(キム) 1年生(いちねんせい)です。

山下(やました) そうですか。わたしも　1年生(いちねんせい)です。

핵심 단어

- **はじめまして** 처음 뵙겠습니다
- **～です** ~입니다
- **どうぞ** 부디, 아무쪼록
- **よろしく** 잘
- **お願(ねが)いします** 부탁합니다
- **～さん** ~씨
- **～は** ~는(은)
- **日本(にほん)** 일본
- **大学(だいがく)** 대학
- **～の** ~의
- **学生(がくせい)** 학생
- **～ですか** ~입니까?
- **いいえ** 아니요
- **わたし** 나, 저
- **～では ありません** ~이(가) 아닙니다(です의 부정형)
- **韓国(かんこく)** 한국
- **何年生(なんねんせい)** 몇 학년
- **1年生(いちねんせい)** 1학년
- **そうですか** 그렇습니까?
- **～も** ~도

상황 2 아파트 복도에서 Track 10

金(キム) はじめまして。おとなりの　キムです。
どうぞ　よろしく　お願(ねが)いします。

中村(なかむら) はじめまして。中村(なかむら)と　いいます。
こちらこそ　どうぞ　よろしく。
キムさんは　韓国(かんこく)の　方(かた)ですか。

金(キム) はい、そうです。

中村(なかむら) キムさんは　会社員(かいしゃいん)ですか。

金(キム) いいえ、わたしは　会社員(かいしゃいん)じゃ　ないです。
大学生(だいがくせい)です。

핵심 단어

- **(お)となり** 옆, 이웃집 - **〜と いいます** ~라고 합니다 - **こちらこそ** 저야말로 - **方**(かた) 분(사람의 높임말)
- **はい** 네 - **そうです** 그렇습니다 - **会社員**(かいしゃいん) 회사원
- **〜じゃ ないです**(＝では ありません) ~이(가) 아닙니다 - **大学生**(だいがくせい) 대학생

文法

1 명사＋は　~은/는

は는 주격 조사로, は가 조사로 쓰일 경우에는 [ha]가 아니라 [wa]로 읽힌다.

예 わたしは　韓国人(かんこくじん)です。(저는 한국인입니다)
山下(やました)さんは　日本人(にほんじん)です。(야마시타 씨는 일본인입니다)

2 명사문

1) 명사＋です　~입니다

です는 설명하고 단정 지을 때 사용하는 조동사로, だ(~이다)의 공손형이다.

예 わたしは　医者(いしゃ)です。(저는 의사입니다)
中村(なかむら)さんは　会社員(かいしゃいん)です。(나카무라 씨는 회사원입니다)

2) 명사＋ですか　~입니까?

'명사＋です'의 의문형이다.

예 鈴木(すずき)さんは　2年生(にねんせい)ですか。(스즈키 씨는 2학년입니까?)
山下(やました)さんは　留学生(りゅうがくせい)ですか。(야마시타 씨는 유학생입니까?)

3) 명사＋では ありません　~이/가 아닙니다

'명사＋です'의 부정형으로, では는 じゃ로, ありません은 ないです로 바꾸어 표현할 수 있다.

예 わたしは　公務員(こうむいん)では　ありません。(저는 공무원이 아닙니다)
＝わたしは　公務員(こうむいん)じゃ　ありません。
＝わたしは　公務員(こうむいん)では　ないです。
＝わたしは　公務員(こうむいん)じゃ　ないです。

핵심 단어

・韓国人(かんこくじん) 한국인　・日本人(にほんじん) 일본인　・医者(いしゃ) 의사
・２年生(にねんせい) 2학년　・留学生(りゅうがくせい) 유학생　・公務員(こうむいん) 공무원

3 명사＋の＋명사 ~의, ~인

소유, 관계, 소속 등을 나타내는 조사이다.

예 これは　だれの　本(ほん)ですか。(이것은 누구의 책입니까?)
　留学生(りゅうがくせい)の　キムです。(유학생인 김입니다)

단, 소속, 관계 등을 나타낼 때, 우리말에서는 '의'를 생략할 수 있어도 일본어에서는 생략이 불가능한 경우가 많다.

예 英語先生(えいごせんせい) (×) → 英語(えいご)の　先生(せんせい) (○)　(영어 선생님)
　日本語本(にほんごほん) (×) → 日本語(にほんご)の　本(ほん) (○)　(일본어 책)

4 인칭대명사

인칭	인칭대명사	
1인칭	わたし 저, 나	ぼく 나(남자들만 사용)
2인칭	あなた 당신	きみ 자네, 너
3인칭	彼(かれ) 그	彼女(かのじょ) 그녀
부정칭	だれ 누구	どなた 어느 분

1인칭의 わたし는 남녀 모두 사용 가능하나 ぼく는 남자들만 사용한다.
2인칭의 あなた는 친한 사이나 손아랫사람에게만 사용하고, 보통은 성에 さん을 붙이는 것으로 2인칭을 대신한다.

・だれ 누구　・本(ほん) 책　・英語(えいご) 영어　・先生(せんせい) 선생님　・日本語(にほんご) 일본어

文法

5 ～と　いいます ～라고 합니다

자기소개를 할 때 '～です'를 대신해서 사용하며, 좀 더 격식을 갖추고자 할 때는 '～と もうします'라고 한다.

예 わたしは　留学生(りゅうがくせい)の　キムと　いいます。(저는 유학생인 김이라고 합니다)
はじめまして。日本大学(にほんだいがく)の　中村(なかむら)と　もうします。
(처음 뵙겠습니다. 일본대학의 나카무라라고 합니다)

핵심 단어

・～と もうします ~라고 합니다

構文練習

1

예 와 같이 문장을 만들어 봅시다.

예
わたし／日本人(にほんじん)
⇨ わたしは日本人(にほんじん)です。

① キムさん／韓国人(かんこくじん) ⇨

② 中村(なかむら)さん／会社員(かいしゃいん) ⇨

③ 山下(やました)さん／学生(がくせい) ⇨

④ 本田(ほんだ)さん／先生(せんせい) ⇨

2

예 와 같이 문장을 만들어 봅시다.

예
あなた／大学生(だいがくせい)
⇨ A あなたは大学生(だいがくせい)ですか。
B いいえ、大学生(だいがくせい)ではありません。

① 木村(きむら)さん／歌手(かしゅ) ⇨

② キムさん／中国人(ちゅうごくじん) ⇨

③ 鈴木(すずき)さん／野球選手(やきゅうせんしゅ) ⇨

④ 田中(たなか)さん／会社(かいしゃ)の社長(しゃちょう) ⇨

핵심 단어

- **日本人**(にほんじん) 일본인
- **韓国人**(かんこくじん) 한국인
- **会社員**(かいしゃいん) 회사원
- **歌手**(かしゅ) 가수
- **中国人**(ちゅうごくじん) 중국인
- **野球選手**(やきゅうせんしゅ) 야구선수
- **会社**(かいしゃ) 회사
- **社長**(しゃちょう) 사장

構文練習

3 예 와 같이 문장을 만들어 봅시다.

木村(きむら)です。

⇨ 木村(きむら)といいます。

木村(きむら)ともうします。

① キムです。 ⇨

② 中村(なかむら)です。 ⇨

③ 本田(ほんだ)です。 ⇨

④ 鈴木(すずき)です。 ⇨

4 예 와 같이 문장을 만들어 봅시다.

大学生(だいがくせい)ではありません。

⇨ 大学生(だいがくせい)じゃないです。

① 会社員(かいしゃいん)ではありません。 ⇨

② 医者(いしゃ)ではありません。 ⇨

③ 社長(しゃちょう)ではありません。 ⇨

④ 公務員(こうむいん)ではありません。 ⇨

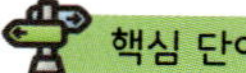

핵심 단어

・**医者**(いしゃ) 의사　・**公務員**(こうむいん) 공무원

あれは 何(なん)ですか

지시어 사용하기

중요 표현

1. こんにちは
2. 지시어(こ·そ·あ·ど)
3. どうですか
4. 何(なん/なに)
5. ~で
6. 명사+が
7. ~ですか、~ですか
8. 명사+と
9. 명사+の
10. どうぞ
11. どうも

会話

상황 1 대학 구내식당 앞에서 Track 11

金(キム)　山下(やました)さん、こんにちは。

山下(やました)　あ、こんにちは。キムさん、お昼(ひる)は？

金(キム)　まだです。

山下(やました)　じゃ、一緒(いっしょ)に　どうですか。

金(キム)　いいですよ。あれは　何(なん)ですか。

山下(やました)　あれは　焼(や)きそばで、この　食堂(しょくどう)の　人気(にんき)メニューです。

金(キム)　そうですか。あれが　焼(や)きそばですか。
それじゃ、これは　とんかつですか、うどんですか。

山下(やました)　それは　とんかつと　うどんの　セットメニューです。

핵심 단어

・こんにちは 안녕하세요(낮인사)　・あ 아(감탄사)　・お昼(ひる) 점심(お昼〈ひる〉ご飯〈はん〉의 줄임말)　・まだ 아직
・じゃ 그럼　・一緒(いっしょ)に 함께　・どうですか 어떻습니까?　・いいです 좋습니다　・～よ ～요(강조, 주장)
・あれ 저것　・何(なん) 무엇　・焼(や)きそば 볶음국수　・～で ～이고, ～이며　・この 이　・食堂(しょくどう) 식당
・人気(にんき) 인기　・メニュー 메뉴　・～が ～가(이)　・それじゃ(＝じゃ) 그럼　・これ 이것　・とんかつ 돈가스
・うどん 우동　・それ 그것　・～と ～와(과)　・セットメニュー 세트 메뉴

상황 2 회식 장소에서 Track 12

金(キム)　山下(やました)さん、わたしの　席(せき)は　どこですか。

山下(やました)　あそこです。

金(キム)　山下(やました)さんの　席(せき)は　どこですか。

山下(やました)　ここです。

金(キム)　じゃ、わたしの　となりの　席(せき)は？

山下(やました)　あれは　日本語(にほんご)の　先生(せんせい)のですよ。
キムさん、まず　ビール　一杯(いっぱい)　どうですか。どうぞ。

金(キム)　あ、どうも。それじゃ、山下(やました)さんも　一杯(いっぱい)　どうぞ。

金(キム)・山下(やました)　乾杯(かんぱい)！

핵심 단어

- 席(せき) 자리
- どこ 어디
- あそこ 저기
- ここ 여기
- 日本語(にほんご) 일본어
- 先生(せんせい) 선생님
- ~の ~의 것
- まず 우선
- ビール 맥주
- 一杯(いっぱい) 한잔
- どうぞ 자 (드세요)
- どうも 대단히 (고맙습니다)
- 乾杯(かんぱい) 건배

文法

1 인사말　こんにちは　안녕하세요

우리말의 '안녕하세요'에 해당하는 인사말이 일본어에는 세 종류가 있다.

아침인사	낮인사	저녁인사
おはよう(ございます)	こんにちは	こんばんは

아침인사에는 정중체와 보통체의 구분이 있으나, 낮인사와 저녁인사는 술어가 생략되고 주어만으로 이루어진 불완전한 말이어서 그런 구분이 없다. 따라서 は는 주격조사이므로 [ha]가 아니라 [wa]로 읽어야만 한다.

2 지시어　こ・そ・あ・ど

우리말과 마찬가지로 일본어도 화자와의 거리에 따라 지시어가 달라진다. 화자와 가까운 것은 こ로 시작하며, 청자에게 가까운 것은 そ, 화자와 청자 모두에게 먼 것은 あ, 잘 모르는 것은 ど로 시작한다.

	사물	장소	방향	명사 수식
근칭	これ 이것	ここ 여기	こちら(こっち) 이쪽	この 이
중칭	それ 그것	そこ 거기	そちら(そっち) 그쪽	その 그
원칭	あれ 저것	あそこ 저기	あちら(あっち) 저쪽	あの 저
부정칭	どれ 어느 것	どこ 어디	どちら(どっち) 어느쪽	どの 어느

3 どうですか　어떻습니까?

제안이나 권유를 하거나 일의 상태, 상황 등을 물을 때 사용한다. 더 공손한 표현으로 いかがですか가 있다.

예 これは　どうですか。(이것은 어떻습니까?)
あしたは　どうですか。(내일은 어떻습니까?)
お茶(ちゃ)　一杯(いっぱい)　どうですか。(차 한잔 어때요?)

핵심 단어

・あした 내일　・お茶(ちゃ) 차

4 何(なに)・何(なん) 무엇

의문사이며, 이어지는 음과의 발음 편의상 なん으로 읽히기도 하고 なに로 읽히기도 한다. ですか 앞에서는 반드시 なん으로 읽는다.

예 何(なに)が ありますか。(무엇이 있습니까?)

何(なん)の 本(ほん)ですか。(무슨 책입니까?)

5 ～で ~이고, ~이며

설명하고 단정 지을 때 사용하는 조동사 だ의 접속형으로, 나열할 때 사용한다.

예 わたしは 1年生(いちねんせい)で、鈴木(すずき)さんは 2年生(にねんせい)です。

(나는 1학년이고, 스즈키 씨는 2학년입니다)

これは わたしの 本(ほん)で、あれは 友達(ともだち)の 本(ほん)です。

(이것은 제 책이고, 저것은 친구의 책입니다)

6 명사＋が ~이/가

주격조사이지만, 우리말과 달리 의문사 앞에서는 사용할 수 없다.

예 あれが 何(なん)ですか。(×)

あれは 何(なん)ですか。(○) (저것은 무엇입니까?)

7 ～ですか、～ですか ~입니까, ~입니까?

주어가 같은 두 개의 의문문을 한 문장으로 만들 경우 뒷문장의 주어는 생략이 가능하다.

예 山下(やました)さんは 1年生(いちねんせい)ですか、2年生(にねんせい)ですか。

(야마시타 씨는 1학년입니까, 2학년입니까?)

林(はやし)さんは 韓国人(かんこくじん)ですか、日本人(にほんじん)ですか。

(하야시 씨는 한국인입니까, 일본인입니까?)

핵심 단어

- **ありますか** 있습니까?
- **友達(ともだち)** 친구

文法

8 명사＋と　~와/과

주로 나열할 때 사용하는 조사이다.

예 これが　わたしの　名前(なまえ)と　住所(じゅうしょ)です。(이것이 제 이름과 주소입니다)

林(はやし)さんと　中村(なかむら)さんは　わたしの　友達(ともだち)です。(하야시 씨와 나카무라 씨는 제 친구입니다)

9 명사＋の　~(의) 것

の는 보통 '명사＋の＋명사'의 형태로 사용되지만 の의 뒤에 오는 명사는 생략되기도 한다. 그런 경우에는 '(의) 것'으로 해석한다.

예 これは　わたしのです。(이것은 내 것입니다)

あなたのは　どれですか。(당신 것은 어느 것입니까?)

10 どうぞ　부디, 자

권유나 허가를 하는 다양한 상황에서 사용된다. 권유나 허가의 구체적인 내용은 생략된 채 사용되는 경우가 많아, 상황에 따라서 의미가 달라진다.

예 どうぞ　(おはいりください)。(자 〈들어오세요〉)

どうぞ　(おすわりください)。(자 〈앉으세요〉)

11 どうも　대단히, 매우

'대단히'라는 뜻의 부사로, 고마울 때도 미안할 때도 사용한다.

예 どうも　(ありがとうございます)。(대단히 고맙습니다)

どうも　(すみません)。(대단히 미안합니다)

핵심 단어

- 名前(なまえ) 이름　・住所(じゅうしょ) 주소　・おはいりください 들어오세요
- おすわりください 앉으세요

構文練習

1

예 와 같이 문장을 만들어 봅시다.

> 예
> 山下(やました)さんは日本人(にほんじん)です。／山下(やました)さんは大学生(だいがくせい)です。
> ⇨ 山下(やました)さんは日本人(にほんじん)で、大学生(だいがくせい)です。

① わたしは韓国人(かんこくじん)です。／わたしは公務員(こうむいん)です。

⇨

② 李(イ)さんは中国人(ちゅうごくじん)です。／李(イ)さんは会社員(かいしゃいん)です。

⇨

③ わたしは店長(てんちょう)です。／彼(かれ)は店員(てんいん)です。

⇨

④ これはわたしの家(いえ)です。／あれは中村(なかむら)さんの家(いえ)です。

⇨

2

예 와 같이 문장을 만들어 봅시다.

> 예
> あなたは学生(がくせい)ですか。／あなたは会社員(かいしゃいん)ですか。
> ⇨ あなたは学生(がくせい)ですか、会社員(かいしゃいん)ですか。

① 李(イ)さんは韓国人(かんこくじん)ですか。／李(イ)さんは中国人(ちゅうごくじん)ですか。

⇨

② 山田(やまだ)さんは店長(てんちょう)ですか。／山田(やまだ)さんは店員(てんいん)ですか。

⇨

③ 中村(なかむら)さんは大学生(だいがくせい)ですか。／中村(なかむら)さんは大学院生(だいがくいんせい)ですか。

⇨

④ キムさんは１年生(いちねんせい)ですか。／キムさんは２年生(にねんせい)ですか。

⇨

핵심 단어

- **店長**(てんちょう) 점장
- **店員**(てんいん) 점원
- **家**(いえ) 집
- **大学院生**(だいがくいんせい) 대학원생

構文練習

3 예 와 같이 문장을 만들어 봅시다.

> 예
> キムさんは韓国人(かんこくじん)です。／パクさんは韓国人(かんこくじん)です。
> ⇨ キムさんとパクさんは韓国人(かんこくじん)です。

① 中村(なかむら)さんは学生(がくせい)です。／田中(たなか)さんは学生(がくせい)です。

⇨

② わたしは１年生(いちねんせい)です。／山下(やました)さんは１年生(いちねんせい)です。

⇨

③ これは人気(にんき)メニューです。／あれは人気(にんき)メニューです。

⇨

④ 野球(やきゅう)は人気(にんき)スポーツです。／サッカーは人気(にんき)スポーツです。

⇨

4 예 와 같이 문장을 만들어 봅시다.

> 예
> これはわたしのかばんです。
> ⇨ このかばんはわたしのです。

① それはだれの傘(かさ)ですか。 ⇨

② あれは鈴木(すずき)さんの本(ほん)です。 ⇨

③ これは田中(たなか)さんの靴(くつ)です。 ⇨

④ それは本田先生(ほんだせんせい)の財布(さいふ)です。 ⇨

・野球(やきゅう) 야구 ・スポーツ 스포츠 ・サッカー 축구 ・かばん 가방 ・傘(かさ) 우산
・靴(くつ) 신발 ・財布(さいふ) 지갑

何時(なんじ)から何時(なんじ)までですか

시간, 요일, 전화번호 말하기

중요 표현

1. 명사+から
2. 숫자 말하기(1~10)
3. 시간 말하기
4. ~が
5. 요일 말하기
6. 전화번호 말하기
7. ~ね

会話

상황 1 도서관 대출창구에서 Track 13

金(キム)　すみません。きょう、図書館(としょかん)は　何時(なんじ)までですか。

職員(しょくいん)　午後(ごご)　６時(ろくじ)までです。

金(キム)　すみませんが、今(いま)　何時(なんじ)ですか。

職員(しょくいん)　６時(ろくじ)　10分前(じゅっぷんまえ)です。

金(キム)　じゃ、この　本(ほん)、お願(ねが)いします。
ところで、土曜日(どようび)は　何時(なんじ)から　何時(なんじ)までですか。

職員(しょくいん)　10時(じゅうじ)　３０分(さんじゅっぷん)から　４時(よじ)までですよ。

金(キム)　月曜日(げつようび)から　金曜日(きんようび)までは　朝(あさ)　９時半(くじはん)からですか。

職員(しょくいん)　はい、そうです。

핵심 단어

・**すみません** 미안합니다　・**きょう** 오늘　・**図書館(としょかん)** 도서관　・**何時(なんじ)** 몇 시　・**～まで** ～까지
・**職員(しょくいん)** 직원　・**午後(ごご)** 오후　・**6時(ろくじ)** 6시　・**～が** ～만　・**今(いま)** 지금
・**10分(じゅっぷん)** 10분　・**前(まえ)** 전　・**本(ほん)** 책　・**ところで** 그런데　・**土曜日(どようび)** 토요일
・**～から** ~부터　・**10時(じゅうじ)** 10시　・**30分(さんじゅっぷん)** 30분　・**4時(よじ)** 4시
・**月曜日(げつようび)** 월요일　・**金曜日(きんようび)** 금요일　・**朝(あさ)** 아침　・**9時(くじ)** 9시　・**半(はん)** 반

상황 2 강의실에서 Track 14

金(キム)　山下(やました)さん、本田先生(ほんだせんせい)の　授業(じゅぎょう)の　レポートは　いつまでですか。

山下(やました)　あしたまでです。

金(キム)　それじゃ、試験(しけん)は　いつですか。

山下(やました)　来週(らいしゅう)の　火曜日(かようび)です。

金(キム)　そうですか。ところで、山下(やました)さん、携帯電話(けいたいでんわ)の　番号(ばんごう)は　何番(なんばん)ですか。

山下(やました)　僕(ぼく)の　携帯(けいたい)ですか。０９０－８４３２－５７１６(ゼロきゅうゼロ の はちよんさんに の ごななちろく)ですよ。

金(キム)　０９０－８４３２－５７１６(ゼロきゅうゼロ の はちよんさんに の ごななちろく)ですね。後(あと)で　電話(でんわ)します。

핵심 단어

・授業(じゅぎょう) 수업　・レポート 리포트　・いつ 언제　・あした 내일　・試験(しけん) 시험
・来週(らいしゅう) 다음 주　・火曜日(かようび) 화요일　・携帯電話(けいたいでんわ)(＝携帯) 휴대전화
・番号(ばんごう) 번호　・何番(なんばん) 몇 번　・僕(ぼく) 나(남성어)　・～ね ～군요(～지요)
・後(あと)で 나중에　・電話(でんわ) 전화　・します 합니다(하겠습니다)

文法

1 명사＋から ~부터, ~에서(부터)
명사＋まで ~까지

から는 시작하는 때나 장소에, まで는 끝나는 때나 장소에 사용한다. 또한 から와 まで에 조사 は나 も를 붙일 수도 있다.

※ からは(부터는), からも(부터도), までは(까지는), までも(까지도)

예 昼休(ひるやす)みは 12時(じゅうにじ)から 1時(いちじ)までです。(점심시간은 12시부터 1시까지입니다)

きょうから 休(やす)みです。(오늘부터 휴일입니다)

家(いえ)から 学校(がっこう)までは 地下鉄(ちかてつ)で 10分(じゅっぷん)です。(집에서 학교까지는 지하철로 10분입니다)

2 숫자 말하기(1~10)

1	2	3	4	5
いち	に	さん	し/よん	ご
6	7	8	9	10
ろく	しち/なな	はち	きゅう/く	じゅう

10단위의 숫자는 위의 숫자들을 결합하여 읽으면 된다.

예 52(ごじゅうに)　　86(はちじゅうろく)

단, 40은 よんじゅう, 90은 きゅうじゅう와 같이 두 음 중 하나만 가능하니 주의해야 하며, 70은 しちじゅう／ななじゅう와 같이 두 음으로 읽힌다.

예 45(よんじゅうご)　　99(きゅうじゅうきゅう)

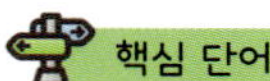

・昼休(ひるやす)み 점심시간　・休(やす)み 휴일, 휴가　・学校(がっこう) 학교　・地下鉄(ちかてつ) 지하철
・～で ~로

3 시간 말하기

4, 7, 9와 같이 두 가지로 읽히는 숫자에 時(じ)를 붙일 경우 두 음 중 하나만 가능하다는 것에 주의해야 한다.

• ～時(じ) 시 / 何時(なんじ) 몇 시

1時	2時	3時	4時	5時	6時
いちじ	にじ	さんじ	よじ	ごじ	ろくじ
7時	8時	9時	10時	11時	12時
しちじ	はちじ	くじ	じゅうじ	じゅういちじ	じゅうにじ

• ～分(ふん) 분 / 何分(なんぷん) 몇 분

1分	2分	3分	4分	5分
いっぷん	にふん	さんぷん	よんぷん	ごふん
6分	7分	8分	9分	10分
ろっぷん	ななふん	はっぷん / はちふん	きゅうふん	じゅっぷん

• ～秒(びょう) 초 / 何秒(なんびょう) 몇 초

1秒	2秒	3秒	4秒	5秒
いちびょう	にびょう	さんびょう	よんびょう	ごびょう
6秒	7秒	8秒	9秒	10秒
ろくびょう	ななびょう	はちびょう	きゅうびょう	じゅうびょう

예 試合(しあい)は　9時(くじ)　30分(さんじゅっぷん)からです。(시합은 9시 30분부터입니다)

わたしの　百(ひゃく)メートルの　記録(きろく)は　11秒(じゅういちびょう)です。(내 100미터 기록은 11초입니다)

4 ～が　～만, ～인데

두 문장을 연결시키는 접속조사로, 역접 관계일 경우나 부연설명을 할 때 쓰인다.

예 失礼(しつれい)ですが、お名前(なまえ)は　何(なん)ですか。(실례지만, 성함이 뭐죠?)

わたしは　会社員(かいしゃいん)ですが、妹(いもうと)は　大学生(だいがくせい)です。

(저는 회사원이지만, 여동생은 대학생입니다)

핵심 단어

• 試合(しあい) 시합　• 百(ひゃく) 100　• 記録(きろく) 기록　• 失礼(しつれい) 실례　• 妹(いもうと) 여동생

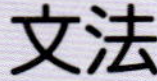

文法

5 요일 말하기

요일을 말할 때 회화에서는 曜日(ようび)에서 日(び)를 생략해 曜(よう)라고 하기도 한다.

• ~曜日(ようび) 요일 / 何曜日(なんようび) 무슨 요일

月曜日	火曜日	水曜日	木曜日	金曜日	土曜日	日曜日
げつようび	かようび	すいようび	もくようび	きんようび	どようび	にちようび

예 きょうは　何曜日(なんようび)ですか。(오늘은 무슨 요일입니까?)
　月曜(げつよう)から　水曜(すいよう)まで　休暇(きゅうか)です。(월요일부터 수요일까지 휴가입니다)

6 전화번호 말하기

전화번호를 말할 때 국번과 번호 사이는 の로 연결한다. 0은 れい, ゼロ, 혹은 まる라고 한다.

예 学校(がっこう)の　電話番号(でんわばんごう)は　０２-４５８-２７１３(ゼロにのよんごはちのになないちさん)です。
　(학교의 전화번호는 02-458-2713입니다)
　私(わたし)の　携帯番号(けいたいばんごう)は　０１０-３０９０-４７８１(ゼロいちゼロのさんゼロきゅうゼロのよんななはちいち)です。
　(내 휴대전화 번호는 010-3090-4781입니다)

7 ～ね ~군요, ~네요, ~지요

문장 끝에 덧붙이는 조사로, 가벼운 감동이나 느낌을 전할 때 사용한다. 또한 알고 있는 사실을 확인할 때도 사용하지만, 억양은 달라진다.

예 これは　中村(なかむら)さんの　携帯(けいたい)ですね。↘ (이것은 나카무라 씨의 휴대폰이군요)
　あなたが　山下(やました)さんですね。↗ (당신이 야마시타 씨죠?)

핵심 단어

・休暇(きゅうか) 휴가　・電話番号(でんわばんごう) 전화번호　・携帯番号(けいたいばんごう) 휴대전화 번호

構文練習

1 예 와 같이 문장을 만들어 봅시다.

> 예
> 会議(かいぎ)／9:00～12:00
> ⇨ 会議(かいぎ)はくじからじゅうにじまでです。

① アルバイト／午前(ごぜん) 6:00～午後(ごご) 1:00 ⇨ ______

② 試験(しけん)／火曜日(かようび)～土曜日(どようび) ⇨ ______

③ 予約席(よやくせき)／ここ～あそこ ⇨ ______

④ 休(やす)み／きょう～あした ⇨ ______

2 예 와 같이 문장을 만들어 봅시다.

> 예
> きょうは休(やす)みです。／あしたは休(やす)みではありません。
> ⇨ きょうは休(やす)みですが、あしたは休(やす)みではありません。

① これはわたしのです。／あれはわたしのではありません。

⇨ ______

② わたしは学生(がくせい)です。／彼(かれ)は学生(がくせい)ではありません。

⇨ ______

③ ここは会議室(かいぎしつ)です。／あそこは会議室(かいぎしつ)ではありません。

⇨ ______

④ 林(イム)さんは韓国人(かんこくじん)です。／林(はやし)さんは韓国人(かんこくじん)ではありません。

⇨ ______

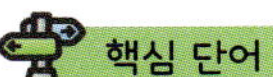

- **アルバイト** 아르바이트
- **午前(ごぜん)** 오전
- **予約席(よやくせき)** 예약석
- **彼(かれ)** 그
- **会議室(かいぎしつ)** 회의실

構文練習

3 예 와 같이 문장을 만들어 봅시다.

예
09 : 45 ⇨ 今(いま)くじよんじゅうごふんです。

① 07 : 30 ⇨

② 04 : 55 ⇨

③ 11 : 20 ⇨

④ 08 : 15 ⇨

4 예 와 같이 문장을 만들어 봅시다.

예
わたしの携帯(けいたい)／010 - 4851 - 6379
⇨ わたしの携帯(けいたい)はゼロいちゼロのよんはちごいちのろくさんななきゅうです。

① 金(キム)さんの自宅(じたく)の電話番号(でんわばんごう)／02 - 637 - 2530

⇨

② 会社(かいしゃ)の電話番号(でんわばんごう)／031 - 298 - 1745

⇨

③ 病院(びょういん)の電話番号(でんわばんごう)／03 - 735 - 1137

⇨

④ 駅(えき)の電話番号(でんわばんごう)／419 - 0862

⇨

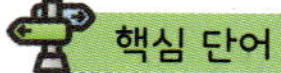
핵심 단어

・自宅(じたく) 자택　・病院(びょういん) 병원　・駅(えき) 역

東京駅まで いくらですか

(とうきょうえき)

가격 묻기와 주문하기

중요 표현

1. 숫자 말하기(100 이상)
2. 명사+を
3. ~枚(まい)
4. 감사의 표현
5. 일본 고유의 숫자(하나~열)

会話

상황 1 지하철 역에서 Track 15

金(キム)　すみません、東京駅(とうきょうえき)まで　いくらですか。

駅員(えきいん)　２４０円(にひゃくよんじゅうえん)です。

金(キム)　東京駅(とうきょうえき)までの　きっぷを　１枚(いちまい)　ください。はい、３００円(さんびゃくえん)。

駅員(えきいん)　じゃ、６０円(ろくじゅうえん)の　おつりですね。ありがとうございました。

金(キム)　東京駅行(とうきょうえきゆ)きの　乗(の)り場(ば)は　何番(なんばん)ですか。

駅員(えきいん)　４番(よんばん)です。

金(キム)　どうも　ありがとうございます。

駅員(えきいん)　いいえ、どういたしまして。

핵심 단어

・東京(とうきょう) 도쿄　・駅(えき) 역　・いくら 얼마　・駅員(えきいん) 역무원　・円(えん) ~엔　・きっぷ 표　・~を ~를/을　・1枚(いちまい) 한 장　・ください 주세요　・はい 자　・おつり 거스름돈　・ありがとうございました 고마웠습니다　・~行(ゆ)き ~행　・乗(の)り場(ば) 승차장　・４番(よんばん) 4번　・ありがとうございます 고맙습니다　・どういたしまして 천만에요

상황 2 패스트푸드점에서 Track 16

店員(てんいん)　いらっしゃいませ。

金(キム)　ハンバーガー　みっつと　ポテトの　M(エム)を　ふたつ　ください。

店員(てんいん)　ハンバーガー　みっつと　ポテトの　M(エム)　ふたつですね。

金(キム)　あ、それから　コーヒーも　ひとつ　お願(ねが)いします。

店員(てんいん)　ホットですか、アイスですか。

金(キム)　ホットです。

店員(てんいん)　全部(ぜんぶ)で　１６７０円(せんろっぴゃくななじゅうえん)です。少々(しょうしょう)　お待(ま)ちください。

핵심 단어

- 店員(てんいん) 점원
- いらっしゃいませ 어서 오세요
- ハンバーガー 햄버거
- みっつ 세 개
- ポテト 포테이토
- ふたつ 두 개
- ください 주세요
- それから 그리고
- コーヒー 커피
- ひとつ 하나
- ホット hot coffee의 줄임말
- アイス ice coffee의 줄임말
- 全部(ぜんぶ)で 전부해서
- 少々(しょうしょう) 잠시
- お待(ま)ちください 기다려 주세요

文法

1 숫자 말하기(100 이상)

	百(ひゃく)(100)	千(せん)(1,000)	万(まん)(10,000)
1	ひゃく	せん	いちまん
2	にひゃく	にせん	にまん
3	さんびゃく	さんぜん	さんまん
4	よんひゃく	よんせん	よんまん
5	ごひゃく	ごせん	ごまん
6	ろっぴゃく	ろくせん	ろくまん
7	ななひゃく	ななせん	ななまん
8	はっぴゃく	はっせん	はちまん
9	きゅうひゃく	きゅうせん	きゅうまん
何	なんびゃく	なんぜん	なんまん

백만 단위는 '百＋万', 천만 단위는 '千＋万'으로 읽으면 된다.

예 この 家具(かぐ)は 3百万円(さんびゃくまんえん)です。(이 가구는 3백만 엔입니다)

韓国(かんこく)の 人口(じんこう)は 5千万(ごせんまん)です。(한국의 인구는 5천만입니다)

2 명사＋を ~를/을

히라가나 を는 お와 발음이 같은 わ행의 글자로, 오로지 목적격 조사로만 사용된다.

예 自分(じぶん)の 順番(じゅんばん)を お待(ま)ちください。(자기 순서를 기다려 주세요)

わたしの パスポートを ください。(제 여권을 주세요)

3 ～枚(まい) ~장

지하철 표나 지폐, 종이, 셔츠, 손수건과 같이 얇고 평평한 물건을 셀 때 사용하는 조수사이다.

핵심 단어

· 家具(かぐ) 가구 · 人口(じんこう) 인구 · 自分(じぶん) 자신 · 順番(じゅんばん) 순서 · パスポート 여권

1枚	2枚	3枚	4枚	5枚	6枚
いちまい	にまい	さんまい	よんまい	ごまい	ろくまい
7枚	**8枚**	**9枚**	**10枚**	**何枚**	
しちまい/ななまい	はちまい	きゅうまい	じゅうまい	なんまい	

예 写真(しゃしん)　2枚(にまい)　お願(ねが)いします。(사진 두 장 부탁합니다)

名刺(めいし)を　1枚(いちまい)　ください。(명함을 한 장 주세요)

4 감사의 표현

감사의 표현에는 여러 형태가 있으니 상대와 상황에 따라 적절히 선택해 사용해야 한다.

ありがとう。(고마워)

ありがとうございます。(고맙습니다)

ありがとうございました。(고마웠습니다)

どうも　ありがとうございます。(대단히 고맙습니다) *どうも로 줄여서 말할 수도 있다.

どうも　ありがとうございました。(대단히 고마웠습니다) *どうも로 줄여서 말할 수도 있다.

5 일본 고유의 숫자(하나~열)

일본 고유어에는 하나부터 열까지만 있다. 따라서 열하나 이상은 한자에서 온 숫자인 じゅういち、じゅうに …… 등을 사용한다.

하나/한 개	둘/두 개	셋/세 개	넷/네 개	다섯/다섯 개
ひとつ	ふたつ	みっつ	よっつ	いつつ
여섯/여섯 개	**일곱/일곱 개**	**여덟/여덟 개**	**아홉/아홉 개**	**열/열 개**
むっつ	ななつ	やっつ	ここのつ	とお

예 みそラーメン　ひとつと　しょうゆラーメン　ふたつ　ください。

(된장라면 하나와 간장라면 둘 주세요)

りんご　みっつと　みかん　いつつ　ください。(사과 세 개와 귤 다섯 개 주세요)

핵심 단어

· **写真**(しゃしん) 사진　· **名刺**(めいし) 명함　· **みそラーメン** 된장라면　· **しょうゆラーメン** 간장라면
· **りんご** 사과　· **みかん** 귤

構文練習

1

예 와 같이 문장을 만들어 봅시다.

> 예
> これ／3200円(えん)
> ⇨ A　これはいくらですか。
> B　さんぜんにひゃく円(えん)です。

① このスカート／2980円(えん) ⇨

② このデジカメ／43800円(えん) ⇨

③ そのかばん／6300円(えん) ⇨

④ あの時計(とけい)／8600円(えん) ⇨

2

예 와 같이 문장을 만들어 봅시다.

> 예
> 文化会館(ぶんかかいかん)／250円(えん)
> ⇨ A　文化会館(ぶんかかいかん)までいくらですか。
> B　にひゃくごじゅう円(えん)です。

① 渋谷駅(しぶやえき)／180円(えん) ⇨

② 成田空港(なりたくうこう)／1290円(えん) ⇨

③ 箱根(はこね)／1540円(えん) ⇨

④ ソウル／17900円(えん) ⇨

핵심 단어

- **スカート** 스커트
- **デジカメ** 디지털카메라
- **時計**(とけい) 시계
- **文化会館**(ぶんかかいかん) 문화회관
- **渋谷**(しぶや) 시부야(지명)
- **成田空港**(なりたくうこう) 나리타공항
- **箱根**(はこね) 하코네(지명)
- **ソウル** 서울(지명)

3 예 와 같이 문장을 만들어 봅시다.

> 예
> このドーナツ／1
> ⇨ このドーナツをひとつください。

① みかん／5 ⇨

② うどん／2 ⇨

③ りんご／4 ⇨

④ みそラーメン／3 ⇨

4 예 와 같이 문장을 만들어 봅시다.

> 예
> コーヒー／ケーキ
> ⇨ コーヒーをください。それからケーキもお願(ねが)いします。

① りんご／みかん ⇨

② 水(みず)／メニュー ⇨

③ とんかつ／コーラ ⇨

④ 鉛筆(えんぴつ)／消(け)しゴム ⇨

핵심 단어

・ドーナツ 도넛 ・みかん 귤 ・りんご 사과 ・みそラーメン 된장라면 ・ケーキ 케이크 ・水(みず) 물
・メニュー 메뉴 ・コーラ 콜라 ・鉛筆(えんぴつ) 연필 ・消(け)しゴム 지우개

Self Check

이 과에서 배운 학습 포인트를 떠올리며 스스로 정리해 보세요.

<ruby>音楽<rt>おんがく</rt></ruby>よりは スポーツの <ruby>方<rt>ほう</rt></ruby>が <ruby>好<rt>す</rt></ruby>きです

취향 말하기와 비교 표현

중요 표현

1. ごめんください
2. 형용사
3. な형용사의 활용
4. ~が すきだ
5. ~から
6. ~と ~と どちらが ~ですか
7. 가족 호칭
8. 사람 수 세기

会話

상황 1 이웃집에서 Track 17

金(キム)　ごめんください。

中村(なかむら)　はい。あら、キムさん、どうぞ。

金(キム)　いいですか。それじゃ　ちょっと。
CD(シディー)が　いっぱいですね。

中村(なかむら)　音楽(おんがく)が　好(す)きですから。
キムさんも　音楽(おんがく)　好(す)きですか。

金(キム)　私(わたし)は　音楽(おんがく)は　あまり　好(す)きでは　ありません。
音楽(おんがく)よりは　スポーツの　方(ほう)が　好(す)きです。

中村(なかむら)　じゃ、野球(やきゅう)と　サッカーと　どちらが　好(す)きですか。

金(キム)　サッカーの　方(ほう)が　好(す)きです。

핵심 단어

- **ごめんください** 실례합니다
- **あら** 어머(놀랄 때 쓰는 감탄사)
- **いいですか** 괜찮습니까?
- **ちょっと** 잠깐
- **CD(シディー)** CD
- **いっぱい** 많이 있음, 가득
- **音楽(おんがく)** 음악
- **好(す)きだ** 좋아하다
- **〜から** ~때문에(니까)
- **私(わたし)** 나(저)
- **あまり** 그다지
- **〜より** ~보다
- **方(ほう)** 쪽(편)
- **野球(やきゅう)** 야구
- **サッカー** 축구

상황 2 이웃집에서 Track 18

金(キム) これは　家族(かぞく)の　写真(しゃしん)ですか。

中村(なかむら) ええ、こちらが　母(はは)で、こちらが　父(ちち)、そして　こちらが　姉(あね)です。

金(キム) ４人家族(よにんかぞく)ですね。お姉(ねえ)さん、きれいな　方(かた)ですね。

中村(なかむら) え？　私(わたし)の　方(ほう)が　きれいじゃ　ないですか。

金(キム) もちろん　それは　そうですが。

中村(なかむら) 冗談(じょうだん)ですよ。姉(あね)の　方(ほう)が　私(わたし)より　きれいで　まじめです。キムさんは　何人家族(なんにんかぞく)ですか。

金(キム) やはり　４人家族(よにんかぞく)です。

핵심 단어

- 家族(かぞく) 가족
- 写真(しゃしん) 사진
- ええ 네
- こちら 이쪽
- 母(はは) 어머니
- 父(ちち) 아버지
- そして 그리고
- 姉(あね) 언니(누나)
- ４人(よにん) 4인, 네 명
- お姉(ねえ)さん 언니(누나)의 높임말
- きれいだ 예쁘다, 깨끗하다
- もちろん 물론
- 冗談(じょうだん) 농담
- まじめだ 성실하다
- 何人(なんにん) 몇 명
- やはり 역시

文法

1 ごめんください　실례합니다, 계십니까?

남의 집 앞에서 집주인을 부를 때, 그리고 방문을 마치고 돌아갈 때도 사용한다. 또한 가게에서 응대할 점원을 찾을 때, 용서를 구할 때 등 다양한 상황에서 사용한다.

예 ごめんください。おとなりの　キムです。(실례합니다. 이웃집의 김입니다)
　お先(さき)に　ごめんください。(먼저 실례하겠습니다)

2 형용사

일본어의 형용사에는 な형용사와 い형용사의 두 종류가 있다. 어미가 だ인 형용사는 な형용사, 어미가 い인 형용사는 い형용사라고 하며, 각기 활용법이 다르다. な형용사는 형용동사라고도 한다.

な형용사	すきだ(좋아하다) きらいだ(싫어하다) しずかだ(조용하다) りっぱだ(훌륭하다) ゆうめいだ(유명하다) きれいだ(예쁘다/깨끗하다) げんきだ(건강하다)
い형용사	たかい(비싸다/높다) やすい(싸다) ひくい(낮다) おいしい(맛있다) たのしい(즐겁다) すごい(대단하다) おもしろい(재미있다) やさしい(쉽다/상냥하다)

3 な형용사의 활용

기본형	긍정형	부정형	명사 수식	접속형
すきだ	すきだ	すきではない/すきじゃない	すきな	すきで
	すきです	すきではありません/すきじゃないです		
きれいだ	きれいだ	きれいではない/きれいじゃない	きれいな	きれいで
	きれいです	きれいではありません/きれいじゃないです		

※ 同(おな)じだ(같다)는 な형용사이지만 명사 수식을 할 때 보통 な가 붙지 않는다.

예 同(おな)じ　人(ひと)です。(같은 사람입니다)
　中村(なかむら)さんと　私(わたし)は　同(おな)じ　年(とし)です。(나카무라 씨와 나는 동갑입니다)

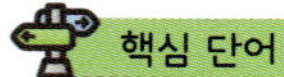

・お先(さき)に 먼저　・同(おな)じだ 같다　・人(ひと) 사람　・年(とし) 나이

4 ～が　すきだ　~을/를 좋아하다

すきだ의 대상에 대해 조사 が를 사용한다는 점에 주의하자. 우리말에서는 '좋아하다'가 동사이므로 그 대상에 대해 목적격 조사 '을/를'을 사용하지만, 일본어의 경우 すきだ는 형용사이다. 따라서 목적격 조사 を는 사용하지 않는 것이 원칙이다. 간혹 실생활에서 を도 사용하고 있으나, 문법에는 맞지 않는다. が 이외에 は나 も도 사용 가능하다.

예 スポーツが　すきですが、音楽(おんがく)も　すきです。(스포츠를 좋아하지만 음악도 좋아합니다)

スポーツは　すきですが、音楽(おんがく)は　すきでは　ありません。

(스포츠는 좋아하지만 음악은 좋아하지 않습니다)

※ すきだ처럼 한국인들이 조사에 주의해야 하는 な형용사

～が すきだ ~을/를 좋아하다	～が きらいだ ~을/를 싫어하다
～が 上手(じょうず)だ ~을/를 잘하다	～が 下手(へた)だ ~을/를 잘 못하다
～が 得意(とくい)だ ~을/를 잘하다	～が 苦手(にがて)だ ~을/를 잘 못하다

5 ～から　~때문에, ~니까

이유를 설명할 때 사용되는 접속조사로, 종지형에 연결된다.

예 きょうは　日曜日(にちようび)です(だ)から、人(ひと)が　いっぱいです。

(오늘은 일요일이기 때문에 사람이 많습니다)

私(わたし)は　サッカーが　あまり　すきでは　ありません。サッカーが　下手(へた)です(だ)から。(나는 축구를 그다지 좋아하지 않습니다. 축구를 못하기 때문에)

6 ～と　～と　どちらが　～ですか　~와 ~중 어느 쪽이 ~입니까/~합니까?

두 가지를 비교해서 물어볼 때 사용하는 구문이다.

예 夏(なつ)と　冬(ふゆ)と　どちらが　すきですか。(여름과 겨울 중 어느 쪽을 좋아합니까?)

地下鉄(ちかてつ)と　バスと　どちらが　便利(べんり)ですか。(지하철과 버스 중 어느 쪽이 편리합니까?)

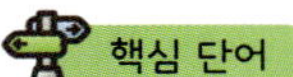

· **夏(なつ)** 여름　· **冬(ふゆ)** 겨울　· **バス** 버스　· **便利(べんり)だ** 편리하다

文法

7 가족 호칭

대화할 때 자신의 가족과 남의 가족에 대한 호칭이 다르다. 기본적으로 자신의 가족은 낮추어 말해야 한다.

	자기 가족	남의 가족
가족	家族(かぞく)	ご家族(かぞく)
부모	両親(りょうしん)	ご両親(りょうしん)
형제	兄弟(きょうだい)	ご兄弟(きょうだい)
할아버지	祖父(そふ)	おじいさん
할머니	祖母(そぼ)	おばあさん
아버지	父(ちち)	お父(とう)さん

	자기 가족	남의 가족
어머니	母(はは)	お母(かあ)さん
형·오빠	兄(あに)	お兄(にい)さん
언니·누나	姉(あね)	お姉(ねえ)さん
남동생	弟(おとうと)	弟(おとうと)さん
여동생	妹(いもうと)	妹(いもうと)さん

예 A お兄(にい)さんは　会社員(かいしゃいん)ですか。(형님은 회사원입니까?)

B いいえ、兄(あに)は　大学(だいがく)の　教授(きょうじゅ)です。(아니요, 형은 대학 교수입니다)

8 사람 수 세기

1人	2人	3人	4人	5人
ひとり	ふたり	さんにん	よにん	ごにん
6人	**7人**	**8人**	**9人**	**10人**
ろくにん	しち(なな)にん	はちにん	きゅうにん	じゅうにん

'몇 명'은 何人(なんにん)이라고 한다. 또한 사람 수를 셀 때 ～人(にん) 대신에 ～名(めい)를 사용하기도 한다. ～名(めい)는 매우 규칙적인 조수사이다(1名(いちめい), 2名(にめい), 3名(さんめい)……何名(なんめい)). 공손하게 말할 때는 ～名(めい)에 様(さま)를 덧붙여 ～名様(めいさま)라고 한다.

예 A 会議(かいぎ)の　参加者(さんかしゃ)は　何人(なんにん)ですか。(회의 참가자는 몇 명입니까?)

B 12人(じゅうににん)です。(열두 명입니다)

(음식점에 들어섰을 때)

A 何名様(なんめいさま)ですか。(몇 분이세요?)　　B 4名(よんめい)です。(네 명이에요)

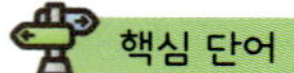

· 教授(きょうじゅ) 교수　· 会議(かいぎ) 회의　· 参加者(さんかしゃ) 참가자　· 何名様(なんめいさま) 몇 분

構文練習

1 예 와 같이 문장을 만들어 봅시다.

> 예
> 私(わたし)は元気(げんき)です。
> ⇨ 私(わたし)は元気(げんき)ではありません。
> 私(わたし)は元気(げんき)じゃないです。

① 私(わたし)は日本語(にほんご)が上手(じょうず)です。 ⇨

② すしが大好(だいす)きです。 ⇨

③ これは簡単(かんたん)です。 ⇨

④ 私(わたし)は魚(さかな)がきらいです。 ⇨

2 예 와 같이 문장을 만들어 봅시다.

> 예
> 静(しず)かだ／きれいだ／部屋(へや)
> ⇨ 静(しず)かできれいな部屋(へや)ですね。

① すてきだ／正直(しょうじき)だ／方(かた) ⇨

② 便利(べんり)だ／にぎやかだ／ところ ⇨

③ 有名(ゆうめい)だ／立派(りっぱ)だ／建物(たてもの) ⇨

④ まじめだ／親切(しんせつ)だ／学生(がくせい) ⇨

핵심 단어

- 元気(げんき)だ 건강하다
- 大好(だいす)きだ 매우 좋아하다
- 簡単(かんたん)だ 간단하다
- 魚(さかな) 생선
- きらいだ 싫어하다
- 正直(しょうじき)だ 정직하다
- にぎやかだ 번화하다
- 立派(りっぱ)だ 훌륭하다
- 親切(しんせつ)だ 친절하다

構文練習

3 예 와 같이 문장을 만들어 봅시다.

> 예
> まじめだ／好(す)きだ
> ⇨ まじめだから好(す)きです。

① きれいだ／好(す)きだ ⇨

② にぎやかだ／きらいだ ⇨

③ 便利(べんり)だ／好(す)きだ ⇨

④ はでだ／きらいだ ⇨

4 예 와 같이 문장을 만들어 봅시다.

> 예
> うどん／そば／好(す)きだ
> ⇨ うどんとそばとどちらが好(す)きですか。

① ソウル／東京(とうきょう)／にぎやかだ ⇨

② 韓国人(かんこくじん)／日本人(にほんじん)／親切(しんせつ)だ ⇨

③ 中国人(ちゅうごくじん)／アメリカ人(じん)／まじめだ ⇨

④ さくら／ばら／きれいだ ⇨

핵심 단어

・はでだ 화려하다 ・アメリカ人(じん) 미국인 ・さくら 벚꽃 ・ばら 장미

寿司(すし)が 一番(いちばん) おいしいです

형용사를 사용하여 말하기

중요 표현

1. ~の 中(なか)で ~が 一番(いちばん) ~
2. い형용사의 활용
3. ~屋(や)
4. 명사+へ

会話

상황 1 음식점 거리에서 Track 19

山下(やました)　キムさん、日本(にほん)の　食(た)べ物(もの)の　中(なか)で　何(なに)が　一番(いちばん)好(す)きですか。

金(キム)　寿司(すし)です。寿司(すし)が　一番(いちばん)　おいしいです。

山下(やました)　じゃ、きょうの　夕(ゆう)ご飯(はん)、寿司(すし)は　どうですか。

金(キム)　寿司屋(すしや)は　ここから　近(ちか)いですか。

山下(やました)　遠(とお)く　ありませんよ。

金(キム)　でも、寿司(すし)は　高(たか)くて……。

山下(やました)　回転寿司(かいてんずし)は　安(やす)くて　おいしいですよ。

金(キム)　そうですか。じゃ、いいですよ。

핵심 단어

・**食(た)べ物(もの)** 음식　・**中(なか)** ~중, 안　・**~で** ~에서　・**一番(いちばん)** 가장　・**寿司(すし)** 초밥
・**おいしい** 맛있다　・**夕(ゆう)ご飯(はん)** 저녁밥　・**寿司屋(すしや)** 초밥집　・**近(ちか)い** 가깝다　・**遠(とお)い** 멀다
・**でも** 하지만　・**高(たか)い** 비싸다, 높다　・**回転寿司(かいてんずし)** 회전초밥　・**安(やす)い** 싸다　・**いい** 좋다

상황 2 회전초밥집에서 Track 20

店員(てんいん)　いらっしゃいませ。何名様(なんめいさま)ですか。

山下(やました)　２人(ふたり)です。

店員(てんいん)　こちらへ　どうぞ。

金(キム)　感(かん)じが　いい　お店(みせ)ですね。

山下(やました)　ここは　この　辺(へん)で　有名(ゆうめい)な　店(みせ)ですよ。

金(キム)　お客(きゃく)さんが　いっぱいですね。

山下(やました)　土曜日(どようび)は　特(とく)に　人(ひと)が　多(おお)いです。キムさん、飲(の)み物(もの)は？

金(キム)　冷(つめ)たい　生(なま)ビールに　します。

핵심 단어

・何名様(なんめいさま) 몇 분　・2人(ふたり) 두 명　・～へ ~(으)로/에　・感(かん)じ 느낌　・(お)店(みせ) 가게　・辺(へん) 근처　・有名(ゆうめい)だ 유명하다　・お客(きゃく)さん 손님　・特(とく)に 특히　・多(おお)い 많다　・飲(の)み物(もの) 마실 것　・冷(つめ)たい 차갑다　・生(なま)ビール 생맥주　・～に します ~로 하겠습니다

文法

1 ～の 中(なか)で ～が 一番(いちばん) ～ ～중에서 ～이(가) 가장 ～

비교 대상이 셋 이상일 때 사용하는 구문이다. 의문사로는 何(なに), どれ 등이 사용된다. 단, どちら는 비교 대상이 둘일 때만 사용 가능하다.

예 A スポーツの 中(なか)で 何(なに)が 一番(いちばん) 好(す)きですか。(스포츠 중에서 무엇을 가장 좋아합니까?)
B 水泳(すいえい)が 一番(いちばん) 好(す)きです。(수영을 가장 좋아합니다)

A うどんと そばと ラーメンの 中(なか)で どれが 一番(いちばん) おいしいですか。
(우동과 메밀국수와 라면 중에서 어느 것이 가장 맛있습니까?)
B ラーメンが 一番(いちばん) おいしいです。(라면이 가장 맛있습니다)

2 い형용사의 활용

1) 기본 활용

기본형	긍정형	부정형	명사 수식	접속형
おいしい	おいしい	おいしく ない	おいしい	おいしくて
	おいしいです	おいしく ありません おいしく ないです		
たかい	たかい	たかく ない	たかい	たかくて
	たかいです	たかく ありません たかく ないです		

접속형은 단순나열일 경우도 있고 혹은 이유를 나타낼 경우도 있다. 단순나열일 때는 '～고', 이유를 나타낼 때는 '～서'로 해석한다.

예 この かばんは 安(やす)くて かわいいです。(이 가방은 싸고 귀엽습니다)
寮(りょう)が 学校(がっこう)から 近(ちか)くて いいです。(기숙사가 학교에서 가까워서 좋습니다)

· 水泳(すいえい) 수영 · そば 메밀국수 · ラーメン 라면 · かわいい 귀엽다 · 寮(りょう) 기숙사

2) 예외 활용

い형용사 중 いい(좋다)는 어미 변화를 할 수 없는 유일한 예외 형용사이다. 따라서 부정형과 같이 어미 변화가 필요한 경우에는 いい와 같은 뜻의 단어인 よい를 사용해 변화시켜야 한다.

기본형	긍정형	부정형	명사 수식	접속형
いい	いい	よく ない	いい	よくて
	いいです	よく ありません よく ないです		

예 今回(こんかい)は 成績(せいせき)が いく ありません。(×)

今回(こんかい)は 成績(せいせき)が よく ありません。(○) (이번에는 성적이 좋지 않습니다)

妹(いもうと)は 頭(あたま)も よくて、性格(せいかく)も いいです。(여동생은 머리도 좋고, 성격도 좋습니다)

弟(おとうと)は 頭(あたま)が よくて、いつも 成績(せいせき)が いいです。

(남동생은 머리가 좋아서 항상 성적이 좋습니다)

3 ～屋(や) ~가게, ~파는 사람

명사에 붙어서 그 물건을 파는 가게나 사람을 뜻한다. 회화에서는 ～屋(や)에 さん을 붙여서 ～屋(や)さん이라고도 한다.

예 本屋(ほんや) 책방 パン屋(や) 빵집 肉屋(にくや) 정육점 魚屋(さかなや) 생선가게 うどん屋(や) 우동집

4 명사＋へ ~으로, ~에

방향을 나타내는 조사로, [he]가 아니라 [e]로 읽는다.

예 日本(にほん)の 方(かた)は あちらへ どうぞ。(일본 분은 저쪽으로 부디 〈가세요〉)

荷物(にもつ)は こちらへ どうぞ。(짐은 이쪽으로 부디 〈갖고 오세요〉)

핵심 단어

· 今回(こんかい) 이번 · 成績(せいせき) 성적 · 性格(せいかく) 성격 · 弟(おとうと) 남동생
· 頭(あたま) 머리 · いつも 항상 · 荷物(にもつ) 짐

構文練習

1 예 와 같이 문장을 만들어 봅시다.

예
友達(ともだち)／だれ／かわいい
⇨ 友達(ともだち)の中(なか)でだれが一番(いちばん)かわいいですか。

① 日本(にほん)の都市(とし)／どこ／好(す)きだ ⇨
② 科目(かもく)／何(なに)／おもしろい ⇨
③ 外国語(がいこくご)／何(なに)／上手(じょうず)だ ⇨
④ 家族(かぞく)／だれ／背(せ)が高(たか)い ⇨

2 예 와 같이 문장을 만들어 봅시다.

예
この映画(えいが)／おもしろい
⇨ この映画(えいが)はおもしろくありません。

① 日本料理(にほんりょうり)／辛(から)い ⇨
② この頃(ごろ)／忙(いそが)しい ⇨
③ 授業(じゅぎょう)／早(はや)い ⇨
④ 天気(てんき)／いい ⇨

핵심 단어

· **友達**(ともだち) 친구 · **都市**(とし) 도시 · **科目**(かもく) 과목 · **おもしろい** 재미있다
· **外国語**(がいこくご) 외국어 · **背**(せ)**が高**(たか)**い** 키가 크다 · **日本料理**(にほんりょうり) 일본요리
· **辛**(から)**い** 맵다 · **この頃**(ごろ) 요즘 · **忙**(いそが)**しい** 바쁘다 · **早**(はや)**い** 이르다 · **天気**(てんき) 날씨

3

예 와 같이 문장을 만들어 봅시다.

예
熱(あつ)い／コーヒー
⇨ 熱いコーヒーです。

① おいしい／りんご ⇨

② 悲(かな)しい／話(はなし) ⇨

③ 楽(たの)しい／人(ひと) ⇨

④ 高(たか)い／ビル ⇨

4

예 와 같이 문장을 만들어 봅시다.

예
甘(あま)い／おいしい／ケーキ
⇨ 甘くておいしいケーキです。

① 悲(かな)しい／おもしろい／話(はなし) ⇨

② 小(ちい)さい／かわいい／かばん ⇨

③ 辛(から)い／おいしい／ラーメン ⇨

④ 性格(せいかく)がいい／明(あか)るい／人(ひと) ⇨

핵심 단어

・熱(あつ)い 뜨겁다 ・悲(かな)しい 슬프다 ・話(はなし) 이야기 ・楽(たの)しい 즐겁다 ・ビル 빌딩
・甘(あま)い 달다 ・ケーキ 케이크 ・小(ちい)さい 작다 ・明(あか)るい 밝다

Self Check

이 과에서 배운 학습 포인트를 떠올리며 스스로 정리해 보세요.

きのうは 遅(おそ)かったですね

과거의 일 말하기

중요 표현

1. 과거의 일 말하기
2. 날짜 말하기
3. 나이 말하기
4. ~か

会話

상황 1 아파트 복도에서 Track 21

中村(なかむら)　キムさん、きのうは　遅(おそ)かったですね。
アルバイトでしたか。

金(キム)　いいえ、バイトでは　ありませんでした。
私(わたし)の　誕生日(たんじょうび)でしたから。

中村(なかむら)　あら、キムさんは　６月(ろくがつ)　３日(みっか)生(う)まれですか。
私(わたし)は　６月(ろくがつ)　４日(よっか)生(う)まれですが。

金(キム)　じゃ、きょうが　中村(なかむら)さんの　誕生日(たんじょうび)ですね。
おめでとうございます。
失礼(しつれい)ですが、中村(なかむら)さんは　おいくつですか。

中村(なかむら)　２５歳(にじゅうごさい)です。キムさんは？

金(キム)　私(わたし)は　２０歳(はたち)です。

핵심 단어

- きのう 어제　• 遅(おそ)い 늦다　• アルバイト(=バイト) 아르바이트　• ~でした ~이었습니다
- ~では ありませんでした ~이 아니었습니다　• 誕生日(たんじょうび) 생일　• ~生(う)まれ ~생
- おめでとうございます 축하합니다　• 失礼(しつれい) 실례　• (お)いくつ 몇 살　• 25歳(にじゅうごさい) 25살
- 20歳(はたち) 스무살, 20세

상황 2 아파트 복도에서 Track 22

中村(なかむら)　きのうの　レストラン、味(あじ)は　どうでしたか。

金(キム)　とても　おいしかったです。

中村(なかむら)　よかったですね。交通(こうつう)は　便利(べんり)でしたか。

金(キム)　いいえ、あまり　便利(べんり)では　ありませんでした。

中村(なかむら)　値段(ねだん)は　高(たか)い　方(ほう)でしたか。

金(キム)　いいえ、あまり　高(たか)く　ありませんでした。

中村(なかむら)　じゃ、いつか　一緒(いっしょ)に　どうですか。

핵심 단어

- **レストラン** 레스토랑
- **味(あじ)** 맛
- **とても** 매우
- **交通(こうつう)** 교통
- **便利(べんり)だ** 편리하다
- **値段(ねだん)** 가격
- **いつか** 언젠가
- **～か** ～ㄴ가(～ㄹ지)

文法

1 과거형

품사	기본형	과거긍정형	과거부정형
명사+だ	学生だ	学生だった	学生では なかった 学生じゃ なかった
		学生でした	学生では ありませんでした 学生じゃ なかったです
な형용사	好きだ	好きだった	好きでは なかった 好きじゃ なかった
		好きでした	好きでは ありませんでした 好きじゃ なかったです
い형용사	おいしい	おいしかった	おいしく なかった
		おいしかったです	おいしく ありませんでした おいしく なかったです

예 A 山本(やまもと)さんは　この　店(みせ)の　店員(てんいん)でしたか。

(야마모토 씨는 이 가게의 점원이었습니까?)

B いいえ、店員(てんいん)では　ありませんでした。店長(てんちょう)でした。

(아니요, 점원이 아니었습니다. 점장이었습니다)

A ホテルの　部屋(へや)は　きれいでしたか。(호텔 방은 깨끗했습니까?)

B いいえ、きれいでは　ありませんでした。(아니요, 깨끗하지 않았습니다)

A 映画(えいが)は　おもしろかったですか。(영화는 재미있었습니까?)

B いいえ、おもしろく　ありませんでした。(아니요, 재미있지 않았습니다)

핵심 단어

・店(みせ) 가게　・店員(てんいん) 점원　・店長(てんちょう) 점장　・ホテル 호텔　・部屋(へや) 방
・きれいだ 깨끗하다　・映画(えいが) 영화

2 날짜 말하기

• ~月(がつ) ~월 / 何月(なんがつ) 몇 월

1月	2月	3月	4月	5月	6月
いちがつ	にがつ	さんがつ	しがつ	ごがつ	ろくがつ
7月	8月	9月	10月	11月	12月
しちがつ	はちがつ	くがつ	じゅうがつ	じゅういちがつ	じゅうにがつ

• ~日(にち) ~일 / 何日(なんにち) 며칠

1日	2日	3日	4日	5日
ついたち	ふつか	みっか	よっか	いつか
6日	7日	8日	9日	10日
むいか	なのか	ようか	ここのか	とおか
11日	12日	13日	14日	15日
じゅういちにち	じゅうににち	じゅうさんにち	じゅうよっか	じゅうごにち
16日	17日	18日	19日	20日
じゅうろくにち	じゅうしちにち	じゅうはちにち	じゅうくにち	はつか
21日	22日	23日	24日	25日
にじゅういちにち	にじゅうににち	にじゅうさんにち	にじゅうよっか	にじゅうごにち
26日	27日	28日	29日	30日
にじゅうろくにち	にじゅうしちにち	にじゅうはちにち	にじゅうくにち	さんじゅうにち

예 A 子供(こども)の日(ひ)は　何月(なんがつ)　何日(なんにち)ですか。(어린이날은 몇 월 며칠입니까?)
B 5月(ごがつ)　5日(いつか)です。(5월 5일입니다)

A 日本(にほん)で　文化(ぶんか)の日(ひ)は　いつですか。(일본에서 문화의 날은 언제입니까?)
B 11月(じゅういちがつ)　3日(みっか)です。(11월 3일입니다)

핵심 단어

- 子供(こども)の日(ひ) 어린이날
- 何月(なんがつ) 몇 월
- 何日(なんにち) 며칠
- 文化(ぶんか)の日(ひ) 문화의 날

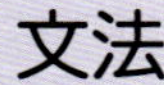

文法

3 나이 말하기

• ～歳(さい) ～세, ～살 / 何歳(なんさい)・いくつ 몇 살

1歳	2歳	3歳	4歳	5歳
いっさい	にさい	さんさい	よんさい	ごさい
6歳	7歳	8歳	9歳	10歳
ろくさい	ななさい	はっさい	きゅうさい	じゅっさい

11세부터는 じゅういっさい, じゅうにさい…… 식으로 덧붙여 가면 된다. 단, '20세'만은 일반적으로 はたち라고 한다. 상대방의 나이를 물을 때는 何歳(なんさい)ですか, 혹은 いくつですか라고 하며, 더욱 공손하게 묻고자 할 때는 おいくつですか라고 한다.

예 A お子(こ)さんは　何歳(なんさい)ですか。(자녀분은 몇 살인가요?)
B 8歳(はっさい)です。(여덟 살입니다)

A おじいさんは　おいくつですか。(할아버지는 몇 살이십니까?)
B 71歳(ななじゅういっさい)です。(71세입니다)

4 ～か　～ㄴ가, ～ㄴ지, ㄹ지

불확실한 사실이나 짐작하는 바를 말할 때 사용하는 조사이다.

예 きょう、どこか　おかしいです。(오늘 어딘가 이상합니다)
なぜか　さびしいですね。(왠지 쓸쓸하네요)
天気(てんき)が　いいか　どうか　わかりません。(날씨가 좋을지 어떨지 모릅니다)

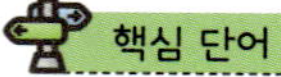

・お子(こ)さん 자녀분　・何歳(なんさい) 몇 살　・おかしい 이상하다　・なぜ 왜　・さびしい 쓸쓸하다
・天気(てんき) 날씨　・～か どうか ～일지 어떨지　・わかりません 모릅니다

構文練習

1 예 와 같이 문장을 만들어 봅시다.

예
きのう／休(やす)み
⇨ きのうは休(やす)みでした。
きのうは休(やす)みではありませんでした。

① 去年(きょねん)／1年生(いちねんせい) ⇨
② 先週(せんしゅう)／試合(しあい) ⇨
③ おととい／雨(あめ) ⇨
④ 先月(せんげつ)／休暇(きゅうか) ⇨

2 예 와 같이 문장을 만들어 봅시다.

예
テニス／好(す)きだ
⇨ テニスが好(す)きでした。
テニスはあまり好(す)きではありませんでした。

① 日本語(にほんご)／上手(じょうず)だ ⇨
② 部屋(へや)／きれいだ ⇨
③ まわり／静(しず)かだ ⇨
④ 町(まち)／にぎやかだ ⇨

핵심 단어

- **去年**(きょねん) 작년
- **先週**(せんしゅう) 지난주
- **試合**(しあい) 시합
- **おととい** 그저께
- **雨**(あめ) 비
- **先月**(せんげつ) 지난달
- **休暇**(きゅうか) 휴가
- **テニス** 테니스
- **まわり** 주위
- **町**(まち) 동네
- **にぎやかだ** 번화하다

構文練習

3

예 와 같이 문장을 만들어 봅시다.

예

すし／おいしい

⇨ すしがおいしかったです。

すしはあまりおいしくありませんでした。

① 教室(きょうしつ)／明(あか)るい ⇨

② かばん／かわいい ⇨

③ 部屋(へや)／暑(あつ)い ⇨

④ 記録(きろく)／いい ⇨

4

예 와 같이 문장을 만들어 봅시다.

예

私(わたし)の誕生日(たんじょうび)／3月11日(さんがつじゅういちにち)

⇨ 私(わたし)の誕生日(たんじょうび)はさんがつじゅういちにちです。

① コンサート／7月3日(しちがつみっか) ⇨

② 入学式(にゅうがくしき)／4月1日(しがつついたち) ⇨

③ 結婚式(けっこんしき)／9月9日(くがつここのか) ⇨

④ 卒業式(そつぎょうしき)／2月24日(にがつにじゅうよっか) ⇨

핵심 단어

- **教室**(きょうしつ) 교실 - **明**(あか)**るい** 밝다 - **記録**(きろく) 기록 - **コンサート** 콘서트
- **入学式**(にゅうがくしき) 입학식 - **結婚式**(けっこんしき) 결혼식 - **卒業式**(そつぎょうしき) 졸업식

お手洗(てあら)いは どこに ありますか

장소에 대해 묻기

중요 표현

1. 존재동사 あります/ います
2. 조동사 です/ます
3. ～階(かい)/何階(なんかい)・何階(なんがい)
4. 위치명사

会話

상황 1 백화점에서 Track 23

金　すみません、靴売り場は　どこですか。

店員　男性用ですか、女性用ですか。

金　女性用です。

店員　女性用の　靴は　この　階には　ありません。
1階に　あります。

金　それから、お手洗いは　どこに　ありますか。

店員　あの　傘売り場の　右側です。

金　この　デパートの　中に　薬局は　ありませんか。

店員　ええ、ありません。

핵심 단어

- **靴**(くつ) 신발, 구두
- **売**(う)**り場**(ば) 매장
- **男性**(だんせい) 남성
- **～用**(よう) ～용
- **女性**(じょせい) 여성
- **～に** ～에
- **階**(かい) 층
- **ありません** 없습니다
- **1階**(いっかい) 1층
- **あります** 있습니다
- **お手洗**(てあら)**い** 화장실
- **傘**(かさ) 우산
- **右側**(みぎがわ) 오른쪽
- **デパート** 백화점
- **中**(なか) 안
- **薬局**(やっきょく) 약국
- **ありませんか** 없습니까?

상황 2 백화점에서 전화를 받으며 Track 24

山下(やました)　もしもし、キムさん？　山下(やました)です。今(いま)　どこに　いますか。

金(キム)　デパートに　います。

山下(やました)　え？　きょう　授業(じゅぎょう)は　ありませんか。

金(キム)　ええ、ありません。

山下(やました)　何(なに)か　買(か)い物(もの)ですか。

金(キム)　はい。それに　ちょうど　この　近(ちか)くで　夕(ゆう)ご飯(はん)の　約束(やくそく)が　あります。

山下(やました)　そうですか。今(いま)　キムさんの　そばに　だれか　いますか。

金(キム)　いいえ、だれも　いませんよ。

핵심 단어

・もしもし 여보세요　・います 있습니다　・え？ 어?(감탄사)　・買(か)い物(もの) 쇼핑　・それに 게다가
・ちょうど 마침　・近(ちか)く 근처　・約束(やくそく) 약속　・そば 곁, 옆　・だれ 누구　・いません 없습니다

文法

1 존재동사 あります／います 있습니다

존재의 유무를 나타낼 때 사용하는 동사인 존재동사에는 あります와 います 두 종류가 있다. 우리말과 달리, 일본어는 존재하는 주체에 따라서 존재동사가 달라지니 주의해야 한다.

	있습니다	없습니다
사물	あります	ありません
사람·동물	います	いません

예 あそこに　素敵な　車が　ありますね。(저기에 멋진 자동차가 있네요)

今は　時間が　ありません。(지금은 시간이 없습니다)

あなたの　犬は　どこに　いますか。(당신 개는 어디에 있습니까?)

ここには　だれも　いませんか。(여기에는 아무도 없습니까?)

2 조동사 です／ます ~입니다/ ~합니다

공손하게 말할 때 사용하는 조동사에 です와 ます가 있으며, ます는 오로지 동사에만 붙일 수 있다.

명사 / い형용사 / な형용사	동사
です	ます

예 私は　水泳が　好きます。(×)

私は　水泳が　好きです。(○) (나는 수영을 좋아합니다)

これは　おいしいます。(×)

これは　おいしいです。(○) (이것은 맛있습니다)

きょうは　会社に　行きです。(×)

きょうは　会社に　行きます。(○) (오늘은 회사에 갑니다)

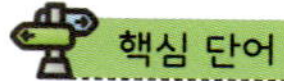

· 素敵(すてき)だ 멋지다　· 車(くるま) 자동차　· 時間(じかん) 시간　· 犬(いぬ) 개　· 水泳(すいえい) 수영
· 行(い)く 가다

3 ～階(かい) ～층 / 何階(なんがい)・何階(なんかい) 몇 층

1階	2 階	3階	4階	5階
いっかい	にかい	さんかい／**さんがい**	よんかい	ごかい
6階	7階	8階	9階	10階
ろっかい	ななかい	はちかい／**はっかい**	きゅうかい	**じゅっかい**

예 A カフェは　**何階(なんがい)**に　ありますか。(카페는 몇 층에 있습니까?)

B 地下(ちか)　**1階(いっかい)**に　あります。(지하 1층에 있습니다)

A 友達(ともだち)は　この　病院(びょういん)の　**何階(なんかい)**に　いますか。(친구는 이 병원 몇 층에 있습니까?)

B **6階(ろっかい)**の　６０４号室(ろくまるよんごうしつ)です。(6층의 604호실입니다)

4 위치명사

위치를 나타내는 단어는 명사이므로 앞 명사와의 사이에 조사 の가 반드시 필요하다. 따라서 보통 '～の＋위치명사＋に'의 형태를 취한다.

上(うえ) 위	右(みぎ)／右側(みぎがわ) 오른쪽	中(なか) 안	前(まえ) 앞	後ろ(うしろ) 뒤
下(した) 아래	左(ひだり)／左側(ひだりがわ) 왼쪽	外(そと) 밖	横(よこ)／そば 옆	隣(となり) 이웃, 옆

예 財布(さいふ)**の**　**中(なか)に**　お金(かね)が　あります。(지갑 안에 돈이 있습니다)

机(つくえ)**の**　**上(うえ)に**は　何(なに)も　ありません。(책상 위에는 아무것도 없습니다)

私(わたし)**の**　**後ろ(うしろ)に**　猫(ねこ)が　います。(내 뒤에 고양이가 있습니다)

핵심 단어

・カフェ 카페　・地下(ちか) 지하　・病院(びょういん) 병원　・～号室(ごうしつ) ～호실　・財布(さいふ) 지갑
・お金(かね) 돈　・机(つくえ) 책상　・猫(ねこ) 고양이

構文練習

1 ありません／います 중 적당한 것을 골라 예 와 같이 문장을 만들어 봅시다.

예

コンビニ／地下(ちか)

⇨ A コンビニはどこにありますか。

B 地下(ちか)にあります。

① 娘(むすめ)さん／アメリカ ⇨

② タクシー／あそこ ⇨

③ 赤(あか)ちゃん／部屋(へや) ⇨

④ 食堂(しょくどう)／学生会館(がくせいかいかん) ⇨

2 あります／います, ありません／いません 중 적당한 것을 골라 예 와 같이 문장을 만들어 봅시다.

예

ホテル／ATM

⇨ A ホテルにATMはありますか。

B いいえ、ありません。

① 部屋(へや)／ベッド ⇨

② 川(かわ)／魚(さかな) ⇨

③ 魚屋(さかなや)／魚(さかな) ⇨

④ 教室(きょうしつ)／テレビ ⇨

핵심 단어

・コンビニ 편의점 ・地下(ちか) 지하 ・娘(むすめ)さん 따님 ・アメリカ 미국 ・タクシー 택시
・赤(あか)ちゃん 아기 ・部屋(へや) 방 ・食堂(しょくどう) 식당 ・学生会館(がくせいかいかん) 학생회관
・ホテル 호텔 ・ベッド 침대 ・川(かわ) 강 ・魚(さかな) 생선, 물고기 ・魚屋(さかなや) 생선가게
・テレビ 텔레비전

3 예 와 같이 문장을 만들어 봅시다.

예
キムさんのアパート／2階(にかい)
⇨ A キムさんのアパートは何階(なんがい)ですか。
B 2階(にかい)です。

① トイレ／1階(いっかい) ⇨
② 図書館(としょかん)／3階(さんがい) ⇨
③ 会議室(かいぎしつ)／20階(にじゅっかい) ⇨
④ レストラン／6階(ろっかい) ⇨

4 あります／います 중 적당한 것을 골라 예 와 같이 문장을 만들어 봅시다.

예
本(ほん)／かばん／中(なか)
⇨ 本(ほん)はかばんの中(なか)にあります。

① 犬(いぬ)／窓(まど)／下(した) ⇨
② 携帯(けいたい)／テーブル／上(うえ) ⇨
③ 銀行(ぎんこう)／大学(だいがく)／左側(ひだりがわ) ⇨
④ 姉(あね)／デパート／前(まえ) ⇨

핵심 단어

- アパート 아파트
- トイレ 화장실
- 窓(まど) 창문
- 銀行(ぎんこう) 은행
- 左側(ひだりがわ) 왼쪽
- 姉(あね) 언니
- デパート 백화점
- 前(まえ) 앞

Self Check

이 과에서 배운 학습 포인트를 떠올리며 스스로 정리해 보세요.

あした どこか 行(い)きますか

동사를 사용하여 말하기

중요 표현

1. 동사의 분류
2. 동사의 ます형(공손형)
3. 조동사 ます의 변화
4. ～でしょう

会話

상황 1 대학 캠퍼스에서 Track 25

山下(やました)　キムさん、あした　どこか　行(い)きますか。

金(キム)　いいえ、どこも　行(い)きません。
日曜日(にちようび)は　いつも　家(いえ)で　洗濯(せんたく)や　掃除(そうじ)を　します。

山下(やました)　じゃ、夕方(ゆうがた)ごろは　暇(ひま)ですね。

金(キム)　多分(たぶん)　そうでしょう。

山下(やました)　久(ひさ)しぶりに　一杯(いっぱい)　飲(の)みませんか。

金(キム)　いいですね。どこで　何時(なんじ)に　会(あ)いましょうか。

山下(やました)　6時半(ろくじはん)に　駅前(えきまえ)の　公園(こうえん)で　会(あ)いましょう。

金(キム)　わかりました。

핵심 단어

- 行(い)く 가다
- ～ますか ~ㅂ니까?
- ～ません ~지 않습니다
- いつも 언제나
- 家(いえ) 집
- 洗濯(せんたく) 세탁
- ～や ~(이)랑
- 掃除(そうじ) 청소
- する 하다
- ～ます ~ㅂ니다
- 夕方(ゆうがた) 저녁
- ごろ 무렵
- 暇(ひま)だ 한가하다
- 多分(たぶん) 아마
- ～でしょう ~겠지요(추측)
- 久(ひさ)しぶり 오랜만
- 飲(の)む 마시다
- 会(あ)う 만나다
- ～ましょうか ~ㄹ까요?
- 駅前(えきまえ) 역 앞
- 公園(こうえん) 공원
- ～ましょう ~ㅂ시다, ~죠
- わかる 알다, 이해하다

상황 2 술집에서 Track 26

山下(やました) キムさん、日本(にほん)での 生活(せいかつ)には もう 慣(な)れましたか。

金(キム) まだまだです。日本語(にほんご)が 難(むずか)しくて。

山下(やました) そうですか。キムさん、日本語(にほんご) 上手(じょうず)ですよ。

金(キム) ありがとう。ところで、おなかが すきましたね。

山下(やました) おにぎりを たのみましょうか。

金(キム) いいですね。焼(や)きおにぎりを お願(ねが)いします。

山下(やました) キムさん、お酒(さけ) 好(す)きですか。

金(キム) 好(す)きですが、この頃(ごろ)は 忙(いそが)しくて 全然(ぜんぜん) 飲(の)みませんでした。

핵심 단어

- 生活(せいかつ) 생활
- もう 이제, 이미, 벌써
- 慣(な)れる 익숙해지다
- ～ましたか ～었습니까?
- まだまだ 아직
- 難(むずか)しい 어렵다
- 上手(じょうず)だ 잘하다
- おなか 배
- すく (속이) 비다
- おにぎり 주먹밥
- たのむ 부탁하다, 주문하다
- 焼(や)きおにぎり 구운 주먹밥
- お酒(さけ) 술
- この頃(ごろ) 요즘
- 忙(いそが)しい 바쁘다
- 全然(ぜんぜん) 전혀
- 飲(の)む 마시다

文法

1 동사의 분류

일본어 동사의 어미에는 う, く, ぐ, す, つ, ぬ, ぶ, む, る의 9종류가 있으며, 모두 う단이라는 공통점이 있다. 어미에 의해 다음의 세 그룹으로 나뉜다.

5단동사 (1그룹동사)	어미가 る가 아닌 모든 동사	いう、いく、かぐ、おす、かつ、しぬ、よぶ、よむ
	あ단+る, う단+る, お단+る인 모든 동사	かかる、おくる、おこる
1단동사 (2그룹동사)	い단+る, え단+る 형태의 대부분의 동사	おきる、たべる
변격동사 (3그룹동사)	어간이 변화하는 동사	する(하다)、くる(오다)

단, 1단동사의 형태이면서 5단동사 활용을 하는 일부 동사가 있으니 주의하자.

예 走(はし)る(달리다) 入(はい)る(들어가다, 들어오다) 切(き)る(자르다)
帰(かえ)る(돌아가다, 돌아오다) 知(し)る(알다) 등

2 동사의 ます형(공손형) ~ㅂ니다, ~습니다

정중한 표현에는 동사에 ます를 붙이는데, 그 경우 그룹별로 다음과 같은 어미 변화가 일어난다.

5단동사 (1그룹동사)	어미를 い단으로 바꾼다.	いう → いいます かぐ → かぎます かつ → かちます よぶ → よびます かかる → かかります おくる → おくります おこる → おこります	いく → いきます おす → おします しぬ → しにます よむ → よみます
1단동사 (2그룹동사)	어미 る를 없앤다.	おきる → おきます	たべる → たべます
변격동사 (3그룹동사)	어간이 변화한다.	する → します	くる → きます

3 조동사 ます의 변화

현재/미래 긍정	현재/미래 부정	과거 긍정	과거 부정	청유형
ます	ません	ました	ませんでした	ましょう

의문문을 만들고자 할 때는 위의 형태들에 ~か만 덧붙이면 된다.

예 A あしたは　どこに　行(い)きますか。(내일은 어디에 갑니까?)
B どこにも　行(い)きません。(아무데도 안 갑니다)

A きのう　ケーキを　食(た)べましたか。(어제 케이크를 먹었습니까?)
B いいえ、食(た)べませんでした。(아니요, 안 먹었습니다)

A きょう　一緒(いっしょ)に　映画(えいが)を　見(み)ましょうか。(오늘 같이 영화를 볼까요?)
B ええ、そう　しましょう。(네, 그렇게 합시다)

4 ~でしょう　~겠지요/ ~겁니다, ~이죠?

です의 추측형에 해당하며, 의문문은 ~か만 덧붙여 でしょうか(~인가요?)라고 한다.
でしょうか는 ですか보다 부드럽고 정중한 느낌을 준다.
でしょう는 억양에 따라 동의를 요구하거나 확인할 때도 쓰인다.

예 あしたは　多分(たぶん)　雪(ゆき)でしょう。(내일은 아마도 눈일 겁니다)
今(いま)　北海道(ほっかいどう)は　天気(てんき)が　いいでしょう。(지금 홋카이도는 날씨가 좋을 겁니다)
この　辺(へん)は　静(しず)かでしょう。↘ (이 부근은 조용할 겁니다)
この　辺(へん)は　静(しず)かでしょう。↗ (이 부근은 조용하죠?)

です는 동사 다음에 올 수 없지만 でしょう는 가능해, '동사의 기본형+でしょう'의 형태로 추측이나 확인을 나타낸다.

예 彼(かれ)も　行(い)くでしょう。↘ (그도 갈 겁니다)
彼(かれ)も　行(い)くでしょう。↗ (그도 가죠?)

핵심 단어

・行(い)く 가다　・食(た)べる 먹다　・見(み)る 보다　・そう 그렇게　・雪(ゆき) 눈
・北海道(ほっかいどう) 홋카이도(지명)　・天気(てんき) 날씨　・辺(へん) 부근　・静(しず)かだ 조용하다
・降(ふ)る 내리다

構文練習

1

예 와 같이 문장을 만들어 봅시다.

예
靴(くつ)を買(か)う
⇨ A 靴(くつ)を買(か)いますか。
B いいえ、買(か)いません。

① テレビを見(み)る ⇨
② 本(ほん)を読(よ)む ⇨
③ 運転(うんてん)ができる ⇨
④ 毎日運動(まいにちうんどう)をする ⇨

2

예 와 같이 문장을 만들어 봅시다.

예
メールを書(か)く
⇨ A メールを書(か)きましたか。
B いいえ、書(か)きませんでした。

① 薬(くすり)を飲(の)む ⇨
② 朝(あさ)ご飯(はん)を食(た)べる ⇨
③ 友達(ともだち)に話(はな)す ⇨
④ 警察(けいさつ)を呼(よ)ぶ ⇨

핵심 단어

・**読(よ)む** 읽다 ・**運転(うんてん)** 운전 ・**できる** 가능하다 ・**毎日(まいにち)** 매일 ・**運動(うんどう)** 운동
・**メール** 메일 ・**書(か)く** 쓰다 ・**薬(くすり)** 약 ・**朝(あさ)ご飯(はん)** 아침밥 ・**話(はな)す** 이야기하다
・**警察(けいさつ)** 경찰 ・**呼(よ)ぶ** 부르다

3 예 와 같이 문장을 만들어 봅시다.

예
海(うみ)で泳(およ)ぐ
⇨ A 海(うみ)で泳(およ)ぎましょうか。
B はい、泳(およ)ぎましょう。

① 歌(うた)を歌(うた)う ⇨
② 一緒(いっしょ)に踊(おど)る ⇨
③ バスに乗(の)る ⇨
④ 少(すこ)し待(ま)つ ⇨

4 예 와 같이 문장을 만들어 봅시다.

예
あしたは休(やす)みだ
⇨ あしたは休(やす)みでしょう。

① ソウルは雨(あめ)だ ⇨
② 地下鉄(ちかてつ)の方(ほう)が安(やす)い ⇨
③ 交通(こうつう)が便利(べんり)だ ⇨
④ 母(はは)も来(く)る ⇨

핵심 단어

・海(うみ) 바다 ・泳(およ)ぐ 수영하다 ・歌(うた) 노래 ・歌(うた)う (노래를) 부르다 ・踊(おど)る 춤추다
・乗(の)る 타다 ・少(すこ)し 조금 ・待(ま)つ 기다리다 ・交通(こうつう) 교통 ・母(はは) 어머니
・来(く)る 오다

Self Check

이 과에서 배운 학습 포인트를 떠올리며 스스로 정리해 보세요.

友達(ともだち)を 迎(むか)えに 行(い)きます

동작의 목적과 희망에 대해 말하기

중요 표현

1. 동사의 ます형+に
2. 명사+で
3. 동사의 ます형+ながら
4. 동사의 ます형+たい
5. ~けど

会話

상황 1 학교 앞에서 ▶ Track 27

山下(やました)　キムさん、今(いま)　忙(いそが)しいですか。

金(キム)　ええ、ちょっと。今(いま)から　成田空港(なりたくうこう)に　行(い)きます。

山下(やました)　どうしてですか。

金(キム)　韓国(かんこく)から　友達(ともだち)が　来(く)るから、友達(ともだち)を　迎(むか)えに　行(い)きます。

山下(やました)　そうですか。何(なに)で　行(い)きますか。

金(キム)　電車(でんしゃ)で　行(い)きます。成田空港(なりたくうこう)までは　どのくらい　かかりますか。

山下(やました)　1時間半(いちじかんはん)ぐらい　かかりますよ。

金(キム)　じゃ、電車(でんしゃ)の　中(なか)で　本(ほん)でも　読(よ)みながら　行(い)きます。

핵심 단어

・忙(いそが)しい 바쁘다　・ちょっと 좀　・成田空港(なりたくうこう) 나리타공항　・どうして 왜, 어째서
・友達(ともだち) 친구　・来(く)る 오다　・迎(むか)える 마중하다　・～で ~로　・電車(でんしゃ) 전철
・～く(ぐ)らい ~정도　・かかる 걸리다　・時間(じかん) 시간　・～でも ~라도　・読(よ)む 읽다
・～ながら ~면서

상황 2 학교 앞에서 Track 28

山下(やました) キムさん、お友達(ともだち)と 何(なに)が したいですか。

金(キム) まず ディズニーランドに 遊(あそ)びに 行(い)きたいです。

山下(やました) それから？

金(キム) おいしい ものを 食(た)べたいです。また、旅行(りょこう)も したいです。

山下(やました) 一番(いちばん) 行(い)きたい ところは どこですか。

金(キム) 箱根(はこね)です。箱根(はこね)の 温泉(おんせん)に 入(はい)りたいです。

山下(やました) 京都(きょうと)には 行(い)きたく ありませんか。

金(キム) 行(い)きたいですけど、遠(とお)くて 今回(こんかい)は 無理(むり)です。

핵심 단어

- **~たい** ~고 싶다 · **まず** 우선 · **ディズニーランド** 디즈니랜드 · **遊(あそ)ぶ** 놀다 · **また** 또한
- **旅行(りょこう)** 여행 · **ところ** 곳 · **箱根(はこね)** 하코네(지명) · **温泉(おんせん)** 온천
- **入(はい)る** 들어가(오)다(5단동사) · **京都(きょうと)** 교토(지명) · **~けど** ~만 · **今回(こんかい)** 이번
- **無理(むり)** 무리

文法

1 동사의 ます형＋に　~러

동사의 목적을 나타내며, 行く(가다), 来る(오다), 帰る(돌아가〈오〉다), 出る(나가〈오〉다)와 같이 이동을 포함한 동사에 연결된다.

예 映画を　**見に**　行きましょう。(영화를 보러 갑시다)
韓国に　**遊びに**　来ました。(한국에 놀러 왔습니다)
英語を　**習いに**　アメリカへ　行きます。(영어를 배우러 미국에 갑니다)

또한 '동작성 명사+に' 역시 이어지는 동사의 목적을 나타낸다.

예 **食事に**　行きましょう。(식사하러 갑시다)
きのうは　**ゴルフに**　行きました。(어제는 골프 치러 갔습니다)
買い物に　出かけました。(쇼핑하러 나갔습니다)

2 명사＋で　~로/으로(수단)

예 これからは　**日本語で**　話しましょう。(이제부터는 일본어로 이야기합시다)
車で　通学します。(자동차로 통학합니다)
飛行機で　ヨーロッパへ　行きます。(비행기로 유럽에 갑니다)

3 동사의 ます형＋ながら　~면서

예 ご飯を　**食べながら**　テレビを　見ます。(밥을 먹으면서 텔레비전을 봅니다)
音楽を　**聞きながら**　道を　歩きます。(음악을 들으면서 길을 걷습니다)
お茶でも　**飲みながら**　話しましょう。(차라도 마시면서 얘기합시다)

핵심 단어

・**習(なら)う** 배우다　・**食事(しょくじ)** 식사　・**買(か)い物(もの)** 쇼핑　・**出(で)かける** 외출하다
・**これから** 이제부터　・**通学(つうがく)** 통학　・**飛行機(ひこうき)** 비행기　・**ヨーロッパ** 유럽　・**聞(き)く** 듣다
・**道(みち)** 길　・**歩(ある)く** 걷다

4 동사의 ます형＋たい ~고 싶다

어떤 동작에 대한 희망을 표현할 때 사용한다. たい는 い형용사와 동일한 활용을 한다.

현재 긍정	현재 부정	과거 긍정	과거 부정	명사 수식	접속형
たい	たく ない	たかった	たく なかった	たい	たくて
たいです	たく ありません たく ないです	たかったです	たく ありませんでした たく なかったです		

예 今(いま) 一番(いちばん) 会(あ)いたい 人(ひと)は だれですか。(지금 가장 만나고 싶은 사람은 누구입니까?)

きのうは コンディションが 悪(わる)くて 何(なに)も やりたく ありませんでした。

(어제는 컨디션이 나빠서 아무것도 하고 싶지 않았습니다)

水(みず)が 飲(の)みたくて コンビニに 入(はい)りました。

(물이 마시고 싶어서 편의점에 들어갔습니다)

희망하는 동작의 대상에 대해 조사 が를 쓰는 것이 원칙이지만, 요즘은 が와 を 둘 다 사용하고 있다.

예 水(みず)が 飲(の)みたいです。(○) (물이 마시고 싶습니다)

水(みず)を 飲(の)みたいです。(○) (물을 마시고 싶습니다)

5 ~けど ~만

예상되는 결과와 반대되는 일이 일어날 때 사용하는 접속조사이다. ~けれども, ~けれど, ~けども라고도 한다.

예 学生(がくせい)だけど 勉強(べんきょう)を しません。(학생이지만 공부를 안 합니다)

好(す)きだけど 上手(じょうず)では ありません。(좋아하지만 잘하지는 않습니다)

小(ちい)さいけど 重(おも)いです。(작지만 무겁습니다)

私(わたし)は 行(い)くけど 彼(かれ)は 行(い)きません。(나는 가지만 그는 안 갑니다)

핵심 단어

・コンディション 컨디션 ・悪(わる)い 나쁘다 ・やる 하다 ・水(みず) 물 ・重(おも)い 무겁다

構文練習

1 예 와 같이 문장을 만들어 봅시다.

예
コーヒーを飲(の)む／行(い)く
⇨ コーヒーを飲(の)みに行(い)きます。

① 本(ほん)を借(か)りる／行(い)く ⇨
② 母(はは)を手伝(てつだ)う／来(く)る ⇨
③ 海(うみ)で泳(およ)ぐ／行(い)く ⇨
④ 買(か)い物(もの)をする／出(で)かける ⇨

2 예 와 같이 문장을 만들어 봅시다.

예
歌(うた)を歌(うた)う／運転(うんてん)する
⇨ 歌(うた)を歌(うた)いながら運転(うんてん)します。

① 友達(ともだち)を待(ま)つ／本(ほん)を読(よ)む ⇨
② 考(かんが)える／仕事(しごと)をする ⇨
③ 野球競技(やきゅうきょうぎ)を見(み)る／ビールを飲(の)む ⇨
④ ピアノを弾(ひ)く／歌(うた)を歌(うた)う ⇨

핵심 단어

- **借(か)りる** 빌리다 · **手伝(てつだ)う** 돕다 · **海(うみ)** 바다 · **運転(うんてん)する** 운전하다
- **考(かんが)える** 생각하다 · **仕事(しごと)** 일 · **野球競技(やきゅうきょうぎ)** 야구 경기 · **ピアノ** 피아노
- **弾(ひ)く** 치다

3

예 와 같이 문장을 만들어 봅시다.

예
おもしろい映画(えいが)を見(み)る
⇨ おもしろい映画(えいが)が(を)見(み)たいです。

① いい小説(しょうせつ)を書(か)く ⇨
② 富士山(ふじさん)に登(のぼ)る ⇨
③ 世界一周(せかいいっしゅう)をする ⇨
④ 世界新記録(せかいしんきろく)を出(だ)す ⇨

4

예 와 같이 문장을 만들어 봅시다.

예
勉強(べんきょう)をする
⇨ 勉強(べんきょう)が(を)したくありません。

① 彼氏(かれし)に会(あ)う ⇨
② 彼(かれ)と遊(あそ)ぶ ⇨
③ 掃除(そうじ)をする ⇨
④ 先生(せんせい)に話(はな)す ⇨

핵심 단어

· **小説**(しょうせつ) 소설 · **富士山**(ふじさん) 후지산 · **登**(のぼ)**る** 오르다
· **世界一周**(せかいいっしゅう) 세계일주 · **新記録**(しんきろく) 신기록 · **出**(だ)**す** 내다
· **彼氏**(かれし) 남자친구 · **彼**(かれ) 그

Self Check

이 과에서 배운 학습 포인트를 떠올리며 스스로 정리해 보세요.

日本語(にほんご)で 書(か)く レポートですか

가능한 일과 변화에 대해 말하기

중요 표현

1. 동사의 기본형+명사
2. 동사의 기본형+ことが できる
3. 형용사의 부사형
4. 변화의 표현

会話

상황 1 대학 캠퍼스에서 Track 29

山下(やました)　キムさん、お友達(ともだち)は　もう　ソウルに　帰(かえ)りましたか。

金(キム)　はい、きのう　帰(かえ)りました。

山下(やました)　箱根(はこね)の　旅行(りょこう)は　どうでしたか。

金(キム)　とても　楽(たの)しかったです。でも、あしたまでの　レポートが　心配(しんぱい)です。

山下(やました)　日本語(にほんご)で　書(か)く　レポートですか。

金(キム)　はい。日本語(にほんご)で　話(はな)す　ことは　できますが、書(か)くのは　なかなか　難(むずか)しいですね。

山下(やました)　どこで　レポートを　書(か)く　つもりですか。

金(キム)　大学(だいがく)の　前(まえ)の　カフェで　書(か)く　つもりです。

山下(やました)　僕(ぼく)が　手伝(てつだ)いに　行(い)きます。

핵심 단어

・ソウル 서울　・帰(かえ)る 돌아가〈오〉다(5단동사)　・とても 매우　・楽(たの)しい 즐겁다　・レポート 리포트
・心配(しんぱい)だ 걱정스럽다　・書(か)く 쓰다　・話(はな)す 말하다　・こと 것, 일　・できる 가능하다
・なかなか 상당히　・難(むずか)しい 어렵다　・つもり 생각, 작정　・カフェ 카페　・手伝(てつだ)う 돕다

상황 2 카페에서 Track 30

金(キム)　山下(やました)さん、コーヒーは　お好(す)きですか。

山下(やました)　高校生(こうこうせい)の　時(とき)は　苦(にが)くて　嫌(きら)いでしたが、今(いま)は　好(す)きに なりました。

金(キム)　大人(おとな)に　なりましたね。じゃ、ホットコーヒーを　注文(ちゅうもん)しましょう。

山下(やました)　ここの　コーヒーは　おいしいですか。

金(キム)　前(まえ)より　おいしく　なりましたから、この頃(ごろ)は　よく　来(き)ます。

山下(やました)　雰囲気(ふんいき)も　いいですね。

金(キム)　明(あか)るくて　かわいい　カフェです。

山下(やました)　じゃ、そろそろ　レポートの　話(はなし)を　始(はじ)めましょうか。

핵심 단어

- 高校生(こうこうせい) 고등학생
- 時(とき) 때
- 苦(にが)い 쓰다
- 嫌(きら)いだ 싫어하다
- なる 되다
- 大人(おとな) 어른
- 注文(ちゅうもん) 주문
- よく 종종
- 雰囲気(ふんいき) 분위기
- 明(あか)るい 밝다
- かわいい 귀엽다
- そろそろ 슬슬
- 話(はなし) 이야기
- 始(はじ)める 시작하다

文法

1 동사의 기본형＋명사 ~는 ~, ~ㄹ ~

동사의 기본형으로 명사 수식이 가능하다.

예 お祭(まつ)りに 行(い)く 人(ひと)は だれですか。(축제에 가는<갈> 사람은 누구입니까?)
一生懸命(いっしょうけんめい)に 勉強(べんきょう)する 人(ひと)は 成功(せいこう)します。(열심히 공부하는 사람은 성공합니다)
忙(いそが)しくて 寝(ね)る 時間(じかん)が ありません。(바빠서 잠잘 시간이 없습니다)

2 동사의 기본형＋ことが できる ~는 것이 가능하다, ~ㄹ 수가 있다

동사의 기본형을 이용한 가능 표현이다.

예 大人(おとな)は お酒(さけ)を 飲(の)む ことが できます。(어른은 술을 마실 수가 있습니다)
約束(やくそく)を 守(まも)る ことが できます。(약속을 지킬 수가 있습니다)
梅干(うめぼ)しを 食(た)べる ことが できます。(매실장아찌를 먹을 수가 있습니다)

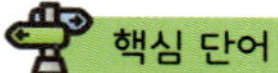

핵심 단어

- 祭(まつ)り 축제
- 一生懸命(いっしょうけんめい)に 열심히
- 成功(せいこう) 성공
- 寝(ね)る 자다
- 約束(やくそく) 약속
- 守(まも)る 지키다
- 梅干(うめぼ)し 우메보시(매실장아찌)

3 형용사의 부사형 ～く／に ~게, ~히

い형용사의 부사형은 '어간+く'이며, な형용사의 부사형은 '어간+に'이다.

예 おいしく 食(た)べました。(맛있게 먹었습니다)
楽(たの)しく あそびましょう。(즐겁게 놉시다)
きれいに 掃除(そうじ)しました。(깨끗이 청소했습니다)
静(しず)かに しましょう。(조용히 합시다)

い형용사 중 유일한 예외 형용사 いい의 부사형은 よく이니 주의하자.

예 天気(てんき)が よく なりました。(날씨가 좋아졌습니다)
彼(かれ)は 何(なん)でも よく 食(た)べます。(그는 뭐든지 잘 먹습니다)

4 변화의 표현 ～(く／に／ように)なる ~되다, ~지다

동사 なる를 사용해 변화를 표현한다. 품사별로 각기 다음과 같은 형태를 취한다.

품사	변화 표현	예
명사	명사+に なる	おとな(어른) → おとなに なる(어른이 되다)
な형용사	어간+に なる	しずかだ(조용하다) → しずかに なる(조용해지다)
い형용사	어간+く なる	たかい(비싸다) → たかく なる(비싸지다)
동사	동사+ように なる	いく(가다) → いくように なる(가게 되다)

핵심 단어

・おいしい 맛있다 ・楽(たの)しい 즐겁다 ・きれいだ 깨끗하다, 예쁘다 ・静(しず)かだ 조용하다

構文練習

1 예 와 같이 문장을 만들어 봅시다.

예
どこへ行(い)く／電車(でんしゃ)
⇨ どこへ行(い)く電車(でんしゃ)ですか。

① 何(なに)を勉強(べんきょう)する／つもり ⇨
② だれと会(あ)う／約束(やくそく) ⇨
③ 何日(なんにち)かかる／旅行(りょこう) ⇨
④ どこに住(す)む／予定(よてい) ⇨

2 예 와 같이 문장을 만들어 봅시다.

예
しゃぶしゃぶを作(つく)る
⇨ しゃぶしゃぶを作(つく)ることができます。

① ゆっくり休(やす)む ⇨
② 試合(しあい)で勝(か)つ ⇨
③ 家(いえ)に帰(かえ)る ⇨
④ 金(きん)メダルを取(と)る ⇨

핵심 단어

・何日(なんにち) 며칠 ・住(す)む 살다 ・予定(よてい) 예정 ・しゃぶしゃぶ 샤브샤브 ・作(つく)る 만들다
・ゆっくり 푹, 천천히 ・休(やす)む 쉬다 ・試合(しあい) 시합 ・勝(か)つ 이기다 ・金(きん) 금
・メダル 메달 ・取(と)る 따다

3
예 와 같이 문장을 만들어 봅시다.

예
安(やす)い／売(う)る ⇨ 安(やす)く売(う)ります。
親切(しんせつ)だ／案内(あんない)する ⇨ 親切(しんせつ)に案内(あんない)します。

① 早(はや)い／起(お)きる ⇨
② 遅(おそ)い／寝(ね)る ⇨
③ まじめだ／働(はたら)く ⇨
④ 上手(じょうず)だ／踊(おど)る ⇨

4
예 와 같이 문장을 만들어 봅시다.

예
顔(かお)が赤(あか)い ⇨ 顔(かお)が赤(あか)くなりました。
交通(こうつう)が便利(べんり)だ ⇨ 交通(こうつう)が便利(べんり)になりました。

① 部屋(へや)がきたない ⇨
② 風(かぜ)が強(つよ)い ⇨
③ 町(まち)がにぎやかだ ⇨
④ あのカフェは有名(ゆうめい)だ ⇨

핵심 단어

・売(う)る 팔다 ・親切(しんせつ)だ 친절하다 ・案内(あんない)する 안내하다 ・早(はや)い 이르다
・起(お)きる 일어나다 ・遅(おそ)い 늦다 ・働(はたら)く 일하다 ・踊(おど)る 춤추다 ・顔(かお) 얼굴
・赤(あか)い 빨갛다 ・きたない 더럽다 ・風(かぜ) 바람 ・強(つよ)い 강하다 ・にぎやかだ 번화하다
・有名(ゆうめい)だ 유명하다

Self Check

이 과에서 배운 학습 포인트를 떠올리며 스스로 정리해 보세요.

12

食(た)べたい ものを 話(はな)して ください

부탁하기와 동작의 순서 말하기

중요 표현

1. 동사의 て형(접속형)
2. ~て ください
3. 동사의 기본형+前(まえ)に
4. ~てから
5. ~の

会話

상황 1 대학 강의실에서 Track 31

金(キム)　山下(やました)さん、きのうは　ありがとうございました。
おかげさまで、無事(ぶじ)に　レポートを　提出(ていしゅつ)しました。

山下(やました)　よかったですね。

金(キム)　何(なに)か　食(た)べたい　ものを　話(はな)して　ください。
おごりますから。

山下(やました)　何(なん)でも　いいですか。

金(キム)　どうぞ。私(わたし)、お金持(かねも)ちですよ。

山下(やました)　じゃ、焼肉屋(やきにくや)に　行(い)って　ビビンバを　食(た)べましょう。

金(キム)　いいですね。授業(じゅぎょう)の　後(あと)、講義室(こうぎしつ)の　前(まえ)で　待(ま)って
ください。

핵심 단어

- **おかげさまで** 덕분에
- **無事(ぶじ)に** 무사히
- **提出(ていしゅつ)** 제출
- **話(はな)す** 이야기하다
- **おごる** 사주다, 한턱내다
- **(お)金持(かねも)ち** 부자
- **焼肉屋(やきにくや)** 고기구이집/한국음식점
- **ビビンバ** 비빔밥
- **後(あと)** 후
- **講義室(こうぎしつ)** 강의실
- **待(ま)つ** 기다리다

상황 2 한국음식점에서 Track 32

金(キム) ビビンバを 食(た)べる 前(まえ)に、焼肉(やきにく)を 少(すこ)し 食(た)べましょう。

山下(やました) 焼肉(やきにく)を 食(た)べてから ビビンバを 食(た)べますか。

金(キム) ええ、まず ビールと 一緒(いっしょ)に 焼肉(やきにく)を……。

山下(やました) それ、いいですね。
ところで、ビビンバは 辛(から)く ありませんか。

金(キム) 大丈夫(だいじょうぶ)ですよ。そんなに 辛(から)く ありませんよ。

山下(やました) でも、自信(じしん)が ありませんね。
僕(ぼく)は ビビンバを やめて、スープの ある 冷麺(れいめん)に します。

金(キム) ビビンバは この 次(つぎ)に 挑戦(ちょうせん)して 見(み)て ください。

핵심 단어

- 少(すこ)し 조금 ・~てから ~고 나서 ・大丈夫(だいじょうぶ)だ 괜찮다 ・そんなに 그렇게(까지)
- 自信(じしん) 자신 ・やめる 그만두다, 관두다 ・スープ 수프, 국물 ・冷麺(れいめん) 냉면
- ~にする ~로 하다 ・次(つぎ) 다음 ・挑戦(ちょうせん) 도전 ・見(み)る 보다

文法

1 동사의 て형(접속형) ~고, ~서, ~여

1단동사와 변격동사는 ます형과 동일한 활용을 하지만, 5단동사의 일부는 발음 편의상 형태와 음이 바뀐다. 이것을 음편현상이라고 하며, 세 종류의 음편현상(い음편, 촉음편, 발음편)이 일어난다.

1) ます형＝て형

1단동사	～る → ～て	おきる → おきて たべる → たべて
변격동사		来(く)る → 来(き)て する → して
5단동사	～す → ～して	おす → おして はなす → はなして

2) ます형≠て형

5단동사	～く → ～いて ～ぐ → ～いで	かく → かいて およぐ → およいで	い음편
	～う → ～って ～つ → ～って ～る → ～って	うたう → うたって まつ → まって かかる → かかって	촉음편
	～ぬ → ～んで ～ぶ → ～んで ～む → ～んで	しぬ → しんで あそぶ → あそんで のむ → のんで	발음편

예 きょうは　早(はや)く　起(お)きて　運動(うんどう)を　しました。(오늘은 일찍 일어나서 운동을 했습니다)

ちょっと　待(ま)って　ください。(잠깐 기다려 주세요)

子供(こども)たちが　歌(うた)って　いました。(아이들이 노래하고 있었습니다)

道(みち)が　混(こ)んで、1時間(いちじかん)　かかって　会社(かいしゃ)へ　行(い)きました。

(길이 막혀 1시간 걸려서 회사에 갔습니다)

※ 유일한 예외: 行(い)く는 行(い)いて가 아니라 行(い)って이니 주의하자.

예 日本(にほん)に　行(い)って　日本語(にほんご)を　ならいたいです。(일본에 가서 일본어를 배우고 싶습니다)

あちらに　行(い)って　ください。(저쪽으로 가 주세요)

2 ～て ください ～어 주세요

동사의 て형에 ください를 붙여 정중한 부탁을 할 때 사용한다.

예 ここに お名前(なまえ)を 書(か)いて ください。(여기에 성함을 써 주세요)
自分(じぶん)の 席(せき)に 座(すわ)って ください。(자기 자리에 앉아 주세요)

3 동사의 기본형＋前(まえ)に ～기 전에

예 出掛(でか)ける 前(まえ)に 電気(でんき)を 消(け)して ください。(외출하기 전에 불을 꺼 주세요)
運動(うんどう)を 始(はじ)める 前(まえ)に 準備運動(じゅんびうんどう)を します。(운동을 시작하기 전에 준비운동을 합니다)
寝(ね)る 前(まえ)に 必(かなら)ず 本(ほん)を 読(よ)みます。(자기 전에 반드시 책을 읽습니다)

4 ～てから ～고 나서

동사의 て형에 から를 붙여 동작의 순서를 명확히 하고자 할 때 사용한다.

예 歯(は)を 磨(みが)いてから 寝(ね)ます。(이를 닦고 나서 잡니다)
電話(でんわ)を かけてから 行(い)きましょう。(전화를 걸고 나서 갑시다)
勉強(べんきょう)を してから テレビを 見(み)ます。(공부를 하고 나서 텔레비전을 봅니다)

5 ～の ～이/가

연체수식구 중의 주격조사 が는 조사 の로 바꿀 수 있다.

예 スープが ある 冷麺(れいめん) → スープの ある 冷麺(れいめん) (국물이 있는 냉면)
頭(あたま)が いい 人(ひと) → 頭(あたま)の いい 人(ひと) (머리가 좋은 사람)
電車(でんしゃ)が 走(はし)る 音(おと) → 電車(でんしゃ)の 走(はし)る 音(おと) (전철이 달리는 소리)

핵심 단어

· **子供(こども)たち** 아이들 · **道(みち)** 길 · **混(こ)む** (길이) 막히다 · **ならう** 배우다 · **自分(じぶん)** 자기
· **座(すわ)る** 앉다 · **出掛(でか)ける** 외출하다 · **電気(でんき)** 전기 · **消(け)す** 끄다
· **準備運動(じゅんびうんどう)** 준비운동 · **必(かなら)ず** 반드시 · **歯(は)** 이 · **磨(みが)く** 닦다
· **走(はし)る** 달리다 · **音(おと)** 소리

構文練習

1 예 와 같이 문장을 만들어 봅시다.

예
うちに帰(かえ)る／勉強(べんきょう)する
⇨ うちに帰(かえ)って勉強(べんきょう)します。

① 友達(ともだち)を呼(よ)ぶ／公園(こうえん)で遊(あそ)ぶ ⇨
② 本屋(ほんや)に行(い)く／本(ほん)を買(か)う ⇨
③ 朝起(あさお)きる／ジョギングをする ⇨
④ 電車(でんしゃ)に乗(の)る／音楽(おんがく)を聞(き)く ⇨

2 예 와 같이 문장을 만들어 봅시다.

예
薬(くすり)を飲(の)む
⇨ 薬(くすり)を飲(の)んでください。

① 韓国(かんこく)に来(く)る ⇨
② 全部(ぜんぶ)食(た)べる ⇨
③ ここに並(なら)ぶ ⇨
④ ドアを引(ひ)く ⇨

핵심 단어

・呼(よ)ぶ 부르다 ・遊(あそ)ぶ 놀다 ・ジョギング 조깅 ・乗(の)る 타다 ・聞(き)く 듣다
・薬(くすり) 약 ・全部(ぜんぶ) 전부 ・並(なら)ぶ 줄서다 ・ドア 문 ・引(ひ)く 당기다

3
예 와 같이 문장을 만들어 봅시다.

예
お酒(さけ)を飲(の)む／つまみを食(た)べる
⇨ お酒(さけ)を飲(の)む前にまみを食(た)べます。

① レポートを書(か)く／資料(しりょう)を集(あつ)める ⇨
② 電車(でんしゃ)に乗(の)る／飲(の)み物(もの)を買(か)う ⇨
③ 会議(かいぎ)が始(はじ)まる／たばこを吸(す)う ⇨
④ 朝(あさ)ご飯(はん)を食(た)べる／新聞(しんぶん)を読(よ)む ⇨

4
예 와 같이 문장을 만들어 봅시다.

예
本(ほん)を借(か)りる／家(いえ)に帰(かえ)る
⇨ 本(ほん)を借(か)りてから家(いえ)に帰(かえ)ります。

① スーパーに寄(よ)る／寮(りょう)に行(い)く ⇨
② 野菜(やさい)を入(い)れる／お肉(にく)を入(い)れる ⇨
③ 手(て)を洗(あら)う／食事(しょくじ)をする ⇨
④ 少(すこ)し休(やす)む／勉強(べんきょう)をする ⇨

핵심 단어

- **つまみ** 안주 · **資料(しりょう)** 자료 · **集(あつ)める** 모으다 · **乗(の)る** 타다 · **始(はじ)まる** 시작되다
- **たばこ** 담배 · **吸(す)う** 피우다 · **新聞(しんぶん)** 신문 · **スーパー** 슈퍼 · **寄(よ)る** 들르다
- **寮(りょう)** 기숙사 · **野菜(やさい)** 채소 · **入(い)れる** 넣다 · **お肉(にく)** 고기 · **手(て)** 손
- **洗(あら)う** 씻다 · **休(やす)む** 쉬다

Self Check

이 과에서 배운 학습 포인트를 떠올리며 스스로 정리해 보세요.

何(なに)を 見(み)て いますか

현재의 일과 난처한 일 말하기

중요 표현

1. ~て いる(진행)
2. ~て いる(상태)
3. ~んです
4. ~て しまう
5. ~て あげる

会話

상황 1 휴게실에서 Track 33

山下(やました)　キムさん、何(なに)を　見(み)て　いますか。

金(キム)　日本(にほん)の　全国地図(ぜんこくちず)を　見(み)て　いるんです。

山下(やました)　どこを　探(さが)して　いますか。

金(キム)　冬休(ふゆやす)みに　行(い)く　場所(ばしょ)を　探(さが)して　いるんです。

山下(やました)　どういう　所(ところ)に　行(い)きたいんですか。

金(キム)　日本(にほん)の　歴史(れきし)や　文化(ぶんか)が　理解(りかい)できる　所(ところ)です。

山下(やました)　だったら　やはり　京都(きょうと)ですね。

金(キム)　じゃ、京都(きょうと)と　奈良(なら)に　決(き)めます。

핵심 단어

- 全国(ぜんこく) 전국
- 地図(ちず) 지도
- 探(さが)す 찾다
- 冬休(ふゆやす)み 겨울방학
- 場所(ばしょ) 장소
- どういう 어떤
- 所(ところ) 곳
- 歴史(れきし) 역사
- 文化(ぶんか) 문화
- 理解(りかい) 이해
- だったら 그렇다면
- 奈良(なら) 나라(지명)
- 決(き)める 결정하다

상황 2 복사실에서 Track 34

金(キム) この コピー機(き)、使(つか)って いますか。

山下(やました) いいえ、空(あ)いて いますから、どうぞ。

金(キム) どうも。山下(やました)さんは コピー しませんか。

山下(やました) 先(さき)に 使(つか)って ください。

金(キム) あら、コピー機(き)が とまって しまいました。

山下(やました) よく ある ことです。僕(ぼく)が 直(なお)して あげます。

金(キム) 山下(やました)さんは 専門家(せんもんか)ですね。

山下(やました) いや、簡単(かんたん)な ことですよ。

핵심 단어

- コピー機(き) 복사기 ・使(つか)う 사용하다 ・空(あ)く 비다 ・先(さき)に 먼저 ・とまる 멈추다
- ~て しまう ~어 버리다 ・直(なお)す 고치다 ・~て あげる (내가 남에게) ~어 주다
- 専門家(せんもんか) 전문가 ・いや(=いいえ) 아니 ・簡単(かんたん)だ 간단하다

文法

1 ～て　いる　~고 있다(진행)

동사의 て형과 존재동사 いる를 사용하여 동작의 진행을 나타낸다.

예 テニスの　練習(れんしゅう)を　して　います。(테니스 연습을 하고 있습니다)
学生(がくせい)を　教(おし)えて　います。(학생을 가르치고 있습니다)
本(ほん)を　読(よ)んで　います。(책을 읽고 있습니다)

2 ～て　いる　~어 있다(상태)

동사의 て형과 존재동사 いる를 사용하여 동작의 상태를 나타낸다.

예 桜(さくら)の花(はな)が　さいて　います。(벚꽃이 피어 있습니다)
鳥(とり)が　死(し)んで　いました。(새가 죽어 있었습니다)
店(みせ)が　開(あ)いて　います。(가게가 열려 있습니다)

3 ～んです　~것입니다/ ~겁니다

설명을 하거나 강조, 주장을 할 때 사용한다. 본래 '것'에 해당하는 の에 です가 붙어 のです(것입니다)이나, 회화체에서는 の가 ん으로 바뀌어 んです의 형태로 주로 사용된다. 보통체는 のだ 혹은 んだ이다.

품사별 연결 형태는 다음과 같다. 특히 명사와 な형용사의 연결 형태에 주의한다.

명사	学生(がくせい)だ	学生(がくせい)なんです
な형용사	好(す)きだ	好(す)きなんです
い형용사	おもしろい	おもしろいんです
동사	行(い)く	行(い)くんです

예 きょう　私(わたし)の　誕生日(たんじょうび)なんです。(오늘 내 생일이거든요)
音楽(おんがく)が　好(す)きなんです。(음악을 좋아하거든요)
あの　映画(えいが)、おもしろいんですよ。(저 영화 재미있어요)
今(いま)　どこへ　行(い)くんですか。(지금 어디 가는 거예요?)

4 ～て しまう ～어 버리다

しまう는 '끝내다, 닫다, 치우다' 등을 뜻하는 단어이나, 동사의 て형과 함께 사용되면 동작의 완료나 난처한 일을 설명할 때 쓰인다.

예 彼氏(かれし)が 日本(にほん)へ 行(い)って しまいました。(남자친구가 일본으로 가 버렸습니다)
宿題(しゅくだい)を 忘(わす)れて しまいました。(숙제를 잊어 버렸습니다)
財布(さいふ)を なくして しまいました。(지갑을 잃어 버렸습니다)

～てしまう는 회화체에서는 ～ちゃう로 줄여서 사용한다. 또한 ～でしまう는 ～じゃう가 된다.

예 彼氏(かれし)が 日本(にほん)へ 行(い)っちゃいました。(남자친구가 일본으로 가 버렸습니다)
宿題(しゅくだい)を 忘(わす)れちゃいました。(숙제를 잊어 버렸습니다)
財布(さいふ)を なくしちゃいました。(지갑을 잃어 버렸습니다)

5 ～て あげる (내가 남에게) ～어 주다

あげる는 나 혹은 나와 가까운 사람이 남에게 '주다'라는 뜻으로, 동사의 て형과 함께 사용되면 어떤 동작을 '～어 주다'라는 뜻이다.

예 私(わたし)が 山下(やました)さんに 韓国語(かんこくご)を 教(おし)えて あげました。
(내가 야마시타 씨에게 한국어를 가르쳐 주었습니다)
妹(いもうと)が 友達(ともだち)に ビビンバを 作(つく)って あげました。
(여동생이 친구에게 비빔밥을 만들어 주었습니다)

あげる의 공손한 표현은 さしあげる이며 우리말의 '드리다'에 해당한다. 따라서 '～어 드리다'는 ～て さしあげる가 된다. 또한 남이 나 혹은 나와 가까운 사람에게 '주다'는 くれる이며, 어떤 동작을 '～어 주다'는 ～て くれる가 된다. くれる의 공손한 말은 くださる이므로 '～어 주시다'는 ～て くださる가 된다.

핵심 단어

- **練習(れんしゅう)** 연습
- **教(おし)える** 가르치다
- **桜(さくら)の花(はな)** 벚꽃
- **さく** 피다
- **鳥(とり)** 새
- **死(し)ぬ** 죽다
- **開(あ)く** 열리다
- **宿題(しゅくだい)** 숙제
- **忘(わす)れる** 잊다
- **なくす** 분실하다

構文練習

1 예 와 같이 문장을 만들어 봅시다.

예
手紙(てがみ)を書(か)く
⇨ 手紙(てがみ)を書(か)いています。

① 雨(あめ)が降(ふ)る ⇨
② 赤(あか)ちゃんと遊(あそ)ぶ ⇨
③ ソウルに住(す)む ⇨
④ デパートがしまう ⇨

2 예 와 같이 문장을 만들어 봅시다.

예
きょうは休日(きゅうじつ)だ
⇨ きょうは休日(きゅうじつ)なんです。

① これは私(わたし)の席(せき)だ ⇨
② 韓国人(かんこくじん)は親切(しんせつ)だ ⇨
③ 旅行(りょこう)は楽(たの)しい ⇨
④ 小説(しょうせつ)を書(か)いている ⇨

핵심 단어

・手紙(てがみ) 편지 ・降(ふ)る 내리다 ・住(す)む 살다 ・しまう 닫다 ・休日(きゅうじつ) 휴일

3 **예** 와 같이 문장을 만들어 봅시다.

예
友達(ともだち)に話(はな)す
⇨ 友達(ともだち)に話(はな)してしまいました。

① 書類(しょるい)が破(やぶ)れる ⇨
② 道(みち)を迷(まよ)う ⇨
③ 彼(かれ)の秘密(ひみつ)を知(し)る ⇨
④ 魚(さかな)が逃(に)げる ⇨

4 **예** 와 같이 문장을 만들어 봅시다.

예
彼(かれ)に携帯(けいたい)の番号(ばんごう)を教(おし)える
⇨ 彼(かれ)に携帯(けいたい)の番号(ばんごう)を教(おし)えてあげました。

① 彼女(かのじょ)に花(はな)を贈(おく)る ⇨
② 子供(こども)に本(ほん)を読(よ)む ⇨
③ お父(とう)さんの肩(かた)をたたく ⇨
④ 救急車(きゅうきゅうしゃ)を呼(よ)ぶ ⇨

핵심 단어

- **書類**(しょるい) 서류 · **破**(やぶ)**れる** 찢어지다 · **迷**(まよ)**う** 헤매다 · **秘密**(ひみつ) 비밀
- **知**(し)**る** 알다(5단동사) · **逃**(に)**げる** 도망치다 · **花**(はな) 꽃 · **贈**(おく)**る** 보내다 · **肩**(かた) 어깨
- **たたく** 두드리다 · **救急車**(きゅうきゅうしゃ) 구급차 · **呼**(よ)**ぶ** 부르다

Self Check

이 과에서 배운 학습 포인트를 떠올리며 스스로 정리해 보세요.

スキー場(じょう)に 行(い)った ことが ありますか

과거의 경험 말하기와 방법 묻기

중요 표현

1. ~ので
2. 동사의 た형(과거형)
3. ~た ことが ある
4. 합성어
5. 동사의 たら형(가정형)
6. 동사의 たり형(예시형)

会話

상황 1 휴게실에서 Track 35

金(キム) この頃(ごろ) 寒(さむ)く なりましたね。

山下(やました) いやなんですか。

金(キム) ええ、寒(さむ)い 冬(ふゆ)が 嫌(きら)いなので。

山下(やました) 僕(ぼく)は 冬(ふゆ)が 大好(だいす)きです。

金(キム) どうしてですか。

山下(やました) スキー場(じょう)に 行(い)く ことが できるからです。
キムさんは スキー場(じょう)に 行(い)った ことが ありますか。

金(キム) いいえ、一度(いちど)も ありません。だから 当然(とうぜん) 滑(すべ)り方(かた)も わかりません。

山下(やました) じゃ、僕(ぼく)が 責任(せきにん) 持(も)って 教(おし)えて あげます。

핵심 단어

- 寒(さむ)い 춥다 • いやだ 싫다 • 大好(だいす)きだ 매우 좋아하다 • スキー場(じょう) 스키장
- 一度(いちど) 한 번 • 当然(とうぜん) 당연히 • 滑(すべ)る 미끄러지다, (스키나 스케이트를) 타다(5단동사)
- ~方(かた) ~는 법 • 責任(せきにん) 책임 • 持(も)つ 지다, 갖다, 들다 • 教(おし)える 가르치다

상황 2 휴게실에서 Track 36

山下(やました)　キムさんは　いつ　韓国(かんこく)に　帰(かえ)りますか。

金(キム)　来年(らいねん)の　2月(にがつ)に　帰(かえ)ります。

山下(やました)　寂(さび)しく　なりますね。

金(キム)　私(わたし)が　帰(かえ)ったら、遊(あそ)びに　来(き)て　ください。
ソウルを　案内(あんない)して　あげますから。

山下(やました)　いつごろ　行(い)ったら　いいですか。

金(キム)　5月(ごがつ)の　連休(れんきゅう)の　時(とき)が　いいでしょう。
ソウルでは　何(なに)が　したいですか。

山下(やました)　買(か)い物(もの)を　したり、おいしい　ものを　食(た)べたり、
町(まち)を　歩(ある)き回(まわ)ったり　したいです。

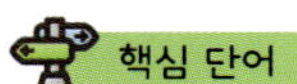 핵심 단어

・来年(らいねん) 내년　・寂(さび)しい 쓸쓸하다　・~たら ~면　・案内(あんない) 안내
・連休(れんきゅう) 연휴　・~たり ~거나　・もの 것　・町(まち) 시내　・歩(ある)き回(まわ)る 걸어다니다

文法

1 ～ので　～때문에, ～니까

～から와 마찬가지로 이유를 설명할 때 쓰인다. 공손하게 말할 때, 그리고 여성들의 경우 ～から보다는 ～ので를 많이 쓴다. ～ので는 품사별로 다음과 같은 형태로 접속된다.

명사	学生(がくせい)だ	学生(がくせい)なので
な형용사	好(す)きだ	好(す)きなので
い형용사	おもしろい	おもしろいので
동사	行(い)く	行(い)くので

2 동사의 た형(과거형)　～었다

반말의 과거형이나 명사 수식에 사용되며, て형과 동일한 활용을 한다.

예 きのう　本(ほん)を　読(よ)んだ。(어제 책을 읽었다)
きのう　読(よ)んだ　本(ほん)は　おもしろかったです。(어제 읽은 책은 재미있었습니다)
先週(せんしゅう)　靴(くつ)を　買(か)った。(지난주 신발을 샀다)
先週(せんしゅう)　買(か)った　靴(くつ)は　とても　きれいです。(지난주 산 신발은 매우 예쁩니다)

3 ～た　ことが　ある　～ㄴ 적이 있다

'동사의 た형＋ことが ある'로 과거의 경험을 나타낸다.

예 キムチを　食(た)べた　ことが　あります。(김치를 먹은 적이 있습니다)
飛行機(ひこうき)に　乗(の)った　ことが　あります。(비행기를 탄 적이 있습니다)
本(ほん)を　出版(しゅっぱん)した　ことが　あります。(책을 출판한 적이 있습니다)

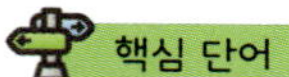

· 先週(せんしゅう) 지난주　· 飛行機(ひこうき) 비행기　· 出版(しゅっぱん) 출판

4 합성어

합성어에서 앞 단어가 동사인 경우는 반드시 ます형의 형태를 취한다.

예 使(つか)う(사용하다)+方(かた)(~는 법) = 使(つか)い方(かた)(사용법)
言(い)う(말하다)+始(はじ)める(~기 시작하다) = 言(い)い始(はじ)める(말하기 시작하다)
食(た)べる(먹다)+続(つづ)ける(계속 ~하다) = 食(た)べ続(つづ)ける(계속 먹다, 먹어대다)
飲(の)む(마시다)+易(やす)い(~기 쉽다) = 飲(の)み易(やす)い(마시기 쉽다)
話(はな)す(이야기하다)+にくい(~기 어렵다) = 話(はな)しにくい(이야기하기 어렵다)

5 동사의 たら형(가정형) ~면, ~더니

'동사의 た형＋ら'의 형태로 어떤 동작이나 상황의 실현을 가정하거나, 동작의 완료를 나타낸다.

예 あした　雨(あめ)が　降(ふ)ったら、山(やま)に　行(い)きません。(내일 비가 오면 산에 안 갑니다)
授業(じゅぎょう)が　終(お)わったら、映画(えいが)を　見(み)に　行(い)きましょう。(수업이 끝나면 영화를 보러 갑시다)
食(た)べて　見(み)たら　おいしかったです。(먹어 봤더니 맛있었습니다)
家(いえ)に　帰(かえ)ったら、だれも　いませんでした。(집에 돌아갔더니 아무도 없었습니다)

6 동사의 たり형(예시형) ~거나

여러 동작 중 몇 가지 예를 들어 나열할 때 사용하며, 동사의 て형이나 た형과 동일한 활용을 한다.

예 日曜日(にちようび)は　洗濯(せんたく)を　したり、掃除(そうじ)を　したり　します。
(일요일에는 빨래를 하거나 청소를 하거나 합니다)
夕(ゆう)ご飯(はん)の　後(あと)は　音楽(おんがく)を　聞(き)いたり、本(ほん)を　読(よ)んだり　します。
(저녁식사 후에는 음악을 듣거나 책을 읽거나 합니다)

핵심 단어

- 続(つづ)ける 계속하다
- ~易(やす)い ~기 쉽다
- ~にくい ~기 어렵다

構文練習

1

예 와 같이 문장을 만들어 봅시다.

> 예
> きょうは日曜日だ／映画館に人が多い
> ⇨ きょうは日曜日なので、映画館に人が多いです。

① きょうは私の誕生日だ／パーティーをする

⇨

② 彼は親切だ／女性に人気がある

⇨

③ 日本語は文法がやさしい／韓国人が習い易い

⇨

④ あした試験がある／夜遅くまで勉強する

⇨

2

예 와 같이 문장을 만들어 봅시다.

> 예
> 彼は一度結婚する
> ⇨ 彼は一度結婚したことがあります。

① 昔、東京に住む ⇨

② 彼女のお父さんに会う ⇨

③ おもしろい作品を書く ⇨

④ 子供の時、この川で泳ぐ ⇨

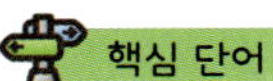
핵심 단어

・映画館(えいがかん) 영화관 ・人気(にんき) 인기 ・文法(ぶんぽう) 문법 ・やさしい 쉽다 ・夜(よる) 밤
・結婚(けっこん) 결혼 ・昔(むかし) 옛날 ・作品(さくひん) 작품

3 예 와 같이 문장을 만들어 봅시다.

> 예
> 甘(あま)いものを食(た)べる／太(ふと)る
> ⇨ 甘(あま)いものを食(た)べたら太(ふと)ります。

① 運動(うんどう)をする／健康(けんこう)になる ⇨

② 薬(くすり)を飲(の)む／病気(びょうき)が治(なお)る ⇨

③ 雪(ゆき)が降(ふ)る／旅行(りょこう)をやめる ⇨

④ 風邪(かぜ)を引(ひ)く／学校(がっこう)を休(やす)む ⇨

4 예 와 같이 문장을 만들어 봅시다.

> 예
> 山(やま)に登(のぼ)る／海(うみ)で泳(およ)ぐ
> ⇨ 山(やま)に登(のぼ)ったり、海(うみ)で泳(およ)いだりします。

① 雨(あめ)が降(ふ)る／風(かぜ)が吹(ふ)く ⇨

② 電話(でんわ)をかける／メールを送(おく)る ⇨

③ 韓国(かんこく)と日本(にほん)を行(い)く／来(く)る ⇨

④ ビールを飲(の)む／話(はなし)をする ⇨

핵심 단어

· **甘(あま)い** 달콤하다 · **もの** 것 · **太(ふと)る** 살찌다 · **健康(けんこう)** 건강 · **病気(びょうき)** 병
· **治(なお)る** 낫다 · **風邪(かぜ)を引(ひ)く** 감기 걸리다 · **登(のぼ)る** 오르다 · **風(かぜ)** 바람
· **吹(ふ)く** 불다 · **かける** 걸다 · **送(おく)る** 보내다 · **話(はなし)** 이야기

Self Check

이 과에서 배운 학습 포인트를 떠올리며 스스로 정리해 보세요.

お酒(さけ)は 飲(の)まない 方(ほう)が いいですよ

허가와 금지 사항에 대해 말하기

중요 표현

1. 동사의 ない형(부정형)
2. ~ない 方(ほう)が いいです
3. ~ても いいですか
4. ~ないで ください
5. ~ては いけません
6. ~なくても いいですか

会話

상황 1 병원에서 Track 37

金(キム)　先生(せんせい)、頭(あたま)が　痛(いた)くて　つらいんです。

医者(いしゃ)　いつから　痛(いた)かったんですか。

金(キム)　きのうからです。それから、のども　痛(いた)いんです。

医者(いしゃ)　顔色(かおいろ)も　よく　ありませんね。ちょっと　口(くち)を　開(あ)けてください。

金(キム)　はい。

医者(いしゃ)　風邪(かぜ)を　引(ひ)きましたね。

金(キム)　そうですか。

医者(いしゃ)　薬(くすり)を　あげますから、食後(しょくご)に　飲(の)んで　ください。当分(とうぶん)　お酒(さけ)は　飲(の)まない　方(ほう)が　いいですよ。

핵심 단어

・頭(あたま) 머리　・痛(いた)い 아프다　・つらい 괴롭다　・医者(いしゃ) 의사　・のど 목(구멍)
・顔色(かおいろ) 안색　・口(くち) 입　・開(あ)ける 열다, 벌리다　・風邪(かぜ)を引(ひ)く 감기 걸리다
・薬(くすり) 약　・食後(しょくご) 식후　・当分(とうぶん) 당분간　・~ない ~지 않는다

상황 2 병원에서 Track 38

金　お風呂に　入っても　いいですか。

医者　きょうは　入らない　方が　いいです。

金　その他に　注意する　ことは　ありませんか。

医者　あまり　大きい　声で　話さないで　ください。
もちろん、たばこも　吸っては　いけません。

金　あした　また　病院に　来なくても　いいですか。

医者　あさって　来て　ください。

金　はい、ありがとうございました。

医者　じゃ、お大事に。

핵심 단어

・風呂(ふろ)に入(はい)る 목욕하다　・その他(ほか)に 그 밖에　・注意(ちゅうい) 주의　・大(おお)きい 크다
・声(こえ) 목소리　・話(はな)す 이야기하다　・もちろん 물론　・たばこ 담배　・吸(す)う 피우다　・また 또
・病院(びょういん) 병원　・あさって 모레　・お大事(だいじ)に 몸조리 잘하세요

文法

1 동사의 ない형(부정형) ~지 않다

5단동사 (1그룹동사)	어미를 あ단으로 바꾼다. 단, う는 わ로 바꾼다.	いう → いわない いく → いかない つぐ → つがない おす → おさない かつ → かたない しぬ → しなない よぶ → よばない よむ → よまない かかる → かからない おくる → おくらない おこる → おこらない
1단동사 (2그룹동사)	어미 る를 없앤다.	おきる → おきない たべる → たべない
변격동사 (3그룹동사)	어간이 변화한다.	する → しない くる → こない

① 단, ある(있다)의 부정형은 あらない가 아니라 ない이다.

예 時間が　ない　時は　朝ご飯を　食べません。(시간이 없을 때는 아침밥을 안 먹습니다)

財布の　中に　お金が　ない。(지갑 안에 돈이 없다)

② ありません과 ないです는 동일한 의미를 갖는다. 따라서 명사, な형용사, い형용사의 부정형을 만들 때 둘 다 사용이 가능하다.

예 私は　学生じゃ　ありません。

＝私は　学生じゃ　ないです。(보통체 : 私は　学生じゃ　ない。)

私は　スポーツが　好きじゃ　ありません。

＝私は　スポーツが　好きじゃ　ないです。(보통체 : 私は　スポーツが　好きじゃ　ない。)

この　かばんは　高く　ありません。

＝この　かばんは　高く　ないです。(보통체 : この　かばんは　高く　ない。)

③ 동사의 부정형도 두 가지 형태가 가능하다.

～ません＝～ないです(보통체 : ない)

예 行(い)きません＝行(い)かないです (보통체 : 行かない)

食(た)べません＝食(た)べないです (보통체 : 食べない)

④ 동사의 부정형을 만드는 ない는 い형용사와 동일한 활용을 한다.

예 祭(まつ)りに　行(い)かない　人(ひと)は　いません。(축제에 가지 않는 사람은 없습니다)

今日(きょう)は　何(なに)も　食(た)べなかった。(오늘은 아무것도 먹지 않았다)

この頃(ごろ)　若者(わかもの)たちが　新聞(しんぶん)を　読(よ)まなく　なりました。

(요즘 젊은이들이 신문을 읽지 않게 되었습니다)

2 ～ない　方(ほう)が　いいです　～지 않는 편이 좋습니다

완곡한 금지의 표현이다.

예 彼(かれ)と　付(つ)き合(あ)わない　方(ほう)が　いいです。(그와 사귀지 않는 편이 좋습니다)

ここでは　泳(およ)がない　方(ほう)が　いいです。(여기서는 수영하지 않는 편이 좋습니다)

休日(きゅうじつ)には　学校(がっこう)に　来(こ)ない　方(ほう)が　いいです。(휴일에는 학교에 오지 않는 편이 좋습니다)

3 ～ても　いいですか　～어도 됩니까?

허가를 구할 때의 표현이다.

예 窓(まど)を　開(あ)けても　いいですか。(창문을 열어도 됩니까?)

ちょっと　入(はい)っても　いいですか。(잠깐 들어가도 됩니까?)

写真(しゃしん)を　撮(と)っても　いいですか。(사진을 찍어도 됩니까?)

핵심 단어

- 若者(わかもの) 젊은이
- ～たち ～들
- 新聞(しんぶん) 신문
- 付(つ)き合(あ)う 사귀다
- 休日(きゅうじつ) 휴일
- 撮(と)る (사진을) 찍다

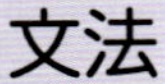

文法

4 ～ないで　ください　～지 말아 주세요, ～지 마세요

금지의 표현이다. ～ない 方(ほう)が いいです보다는 강하지만 ～ては いけません보다는 완곡하다.

예 電気(でんき)を　つけないで　ください。(불을 켜지 말아 주세요<마세요>)
運動場(うんどうじょう)に　入(はい)らないで　ください。(운동장에 들어가지 말아 주세요<마세요>)
自転車(じてんしゃ)に　乗(の)らないで　ください。(자전거를 타지 말아 주세요<마세요>)

5 ～ては　いけません　～어서는 안 됩니다

강력하고 직설적인 금지의 표현이다.

예 公園(こうえん)で　寝(ね)ては　いけません。(공원에서 자서는 안 됩니다)
弟(おとうと)を　殴(なぐ)っては　いけません。(남동생을 때려서는 안 됩니다)
教室(きょうしつ)の　中(なか)で　走(はし)っては　いけません。(교실 안에서 뛰어서는 안 됩니다)

6 ～なくても　いいですか　～지 않아도 됩니까?

예 今(いま)　家(いえ)に　帰(かえ)らなくても　いいですか。(지금 집에 돌아가지 않아도 됩니까?)
お母(かあ)さんに　電話(でんわ)を　かけなくても　いいですか。
(어머니에게 전화를 걸지 않아도 됩니까?)
新(あたら)しい　携帯(けいたい)を　買(か)わなくても　いいですか。(새 휴대폰을 사지 않아도 됩니까?)

핵심 단어

- 電気(でんき) 전기 · つける 켜다 · 自転車(じてんしゃ) 자전거 · 公園(こうえん) 공원 · 寝(ね)る 자다
- 殴(なぐ)る 때리다 · 走(はし)る 뛰다, 달리다(5단동사) · 新(あたら)しい 새롭다

構文練習

1 예 와 같이 문장을 만들어 봅시다.

> 예
> 友達(ともだち)に会(あ)う
> ⇨ 友達(ともだち)に会(あ)わない方(ほう)がいいです。

① あした私(わたし)の事務室(じむしつ)に来(く)る ⇨

② 彼(かれ)にプレゼントをあげる ⇨

③ 友達(ともだち)にお金(かね)を借(か)りる ⇨

④ 彼女(かのじょ)に未練(みれん)を持(も)つ ⇨

2 예 와 같이 문장을 만들어 봅시다.

> 예
> 嘘(うそ)をつく
> ⇨ 嘘(うそ)をつかないでください。

① 言(い)い訳(わけ)をする ⇨

② 私(わたし)から逃(に)げる ⇨

③ 風邪(かぜ)を引(ひ)く ⇨

④ 地下鉄(ちかてつ)の中(なか)で携帯(けいたい)を使(つか)う ⇨

핵심 단어

・**事務室**(じむしつ) 사무실　・**プレゼント** 선물　・**借**(か)**りる** 빌리다　・**未練**(みれん) 미련
・**嘘**(うそ)**をつく** 거짓말하다　・**言**(い)**い訳**(わけ) 변명　・**逃**(に)**げる** 도망치다

構文練習

3

예 와 같이 문장을 만들어 봅시다.

> 예
> 本(ほん)を家(いえ)に持(も)って行(い)く
> ⇨ 本(ほん)を家(いえ)に持(も)って行(い)ってはいけません。

① 会議(かいぎ)に遅刻(ちこく)する ⇨

② ここに車(くるま)を止(と)める ⇨

③ このマンションではペットを飼(か)う

⇨

④ 授業中(じゅぎょうちゅう)に立(た)つ ⇨

4

예 와 같이 문장을 만들어 봅시다.

> 예
> 私(わたし)が手伝(てつだ)う
> ⇨ 私(わたし)が手伝(てつだ)わなくてもいいですか。

① 警察(けいさつ)を呼(よ)ぶ ⇨

② レポートを書(か)く ⇨

③ あした早(はや)く起(お)きる ⇨

④ 彼女(かのじょ)を待(ま)つ ⇨

핵심 단어

・**遅刻**(ちこく) 지각 ・**マンション** 맨션 ・**ペット** 애완동물 ・**飼**(か)**う** 기르다 ・**~中**(ちゅう) ~중
・**手伝**(てつだ)**う** 돕다 ・**警察**(けいさつ) 경찰

부록

본문 해석

01 처음 뵙겠습니다

상황 1 대학 강의실에서

김: 처음 뵙겠습니다. 김사랑입니다.
부디 잘 부탁드립니다.
야마시타: 처음 뵙겠습니다. 야마시타 이치로입니다.
부디 잘 부탁드립니다. 김사랑 씨는 일본대학 학생입니까?
김: 아니요, 저는 일본대학 학생이 아니에요.
한국대학 학생이에요.
야마시타: 몇 학년이죠?
김: 1학년이에요.
야마시타: 그래요? 저도 1학년이에요.

상황 2 아파트 복도에서

김: 처음 뵙겠습니다. 옆집의 김사랑입니다.
부디 잘 부탁드립니다.
나카무라: 처음 뵙겠습니다. 나카무라라고 합니다.
저야말로 잘 부탁드려요.
김사랑 씨는 한국 분이에요?
김: 네, 그렇습니다.
나카무라: 김사랑 씨는 회사원이에요?
김: 아니요, 전 회사원이 아니에요.
대학생이에요.

02 저건 뭐예요?

상황 1 대학 구내식당 앞에서

김: 야마시타 씨, 안녕하세요.
야마시타: 아, 안녕하세요. 사랑 씨, 점심은요?
김: 아직입니다.
야마시타: 그럼, 같이 어때요?
김: 좋아요. 저건 뭐예요?
야마시타: 저건 야키소바이며, 이 식당의 인기 메뉴예요.
김: 그래요? 저게 야키소바예요?
그럼, 이건 돈가스예요, 우동이에요?
야마시타: 그건 돈가스와 우동의 세트 메뉴예요.

상황 2 회식 장소에서

김: 야마시타 씨, 제 자리는 어디죠?
야마시타: 저기예요.
김: 야마시타 씨 자리는 어디죠?
야마시타: 여기예요.
김: 그럼, 제 옆 자리는요?
야마시타: 저건 일본어 선생님 자리예요.
사랑 씨, 먼저 맥주 한잔 어떠세요? 자, 드세요.
김: 아, 고마워요. 그럼 야마시타 씨도 한잔 드세요.
김·야마시타: 건배!

03 몇 시부터 몇 시까지입니까?

상황 1 도서관 대출창구에서

김: 미안합니다. 오늘 도서관은 몇 시까지입니까?
직원: 오후 6시까지입니다.
김: 미안합니다만, 지금 몇 시입니까?
직원: 6시 10분 전입니다.
김: 그럼, 이 책 부탁드립니다.
그런데, 토요일은 몇 시부터 몇 시까지입니까?
직원: 10시 30분부터 4시까지입니다.
김: 월요일부터 금요일까지는 아침 9시 반부터입니까?
직원: 네, 그렇습니다.

상황 2 강의실에서

김: 야마시타 씨, 혼다 선생님 수업 리포트는 언제까지죠?
야마시타: 내일까지예요.
김: 그럼, 시험은 언제죠?
야마시타: 다음 주 화요일이에요.
김: 그래요? 그런데, 야마시타 씨, 휴대전화 번호는 몇 번이죠?
야마시타: 내 휴대전화 말인가요? 090−8432−5716이에요.
김: 090−8432−5716이죠? 나중에 전화할게요.

04 도쿄역까지 얼마입니까?

상황 1 지하철 역에서

김: 미안합니다. 도쿄역까지 얼마입니까?
역무원: 240엔입니다.
김: 도쿄역까지의 표를 1장 주세요. 자, 300엔요.
역무원: 그럼 60엔 거스름돈이네요. 감사했습니다.
김: 도쿄역행 승강장은 몇 번입니까?
역무원: 4번입니다.
김: 대단히 감사합니다.
역무원: 아니요. 천만에요.

상황 2 패스트푸드점에서

점원: 어서 오세요.
김: 햄버거 세 개와 포테이토 M사이즈를 두 개 주세요.
점원: 햄버거 세 개와 포테이토 M 두 개 말이죠?
김: 아, 그리고 커피도 한 잔 주세요.
점원: 따뜻한 커피입니까, 아이스커피입니까?
김: 따뜻한 커피예요.
점원: 전부해서 1,670엔입니다. 잠시 기다려 주세요.

05 음악보다는 스포츠를 좋아해요

상황 1 이웃집에서

김: 실례합니다.
나카무라: 네. 어머, 사랑 씨, 들어오세요.
김: 괜찮습니까? 그럼 잠시.
CD가 많이 있네요.
나카무라: 음악을 좋아하니까요. 사랑 씨도 음악 좋아해요?
김: 전 음악은 그다지 좋아하지 않아요. 음악보다는 스포츠를 좋아해요.
나카무라: 그럼 야구와 축구 중에서 어느 쪽을 좋아하죠?
김: 축구를 좋아해요.

상황 2 이웃집에서

김: 이건 가족 사진이에요?
나카무라: 네, 이쪽이 엄마고, 이쪽이 아빠, 그리고 이쪽이 언니예요.
김: 4인 가족이군요. 언니분 예쁜 분이네요.
나카무라: 네? 제가 더 예쁘지 않나요?
김: 물론 그건 그렇지만.
나카무라: 농담이에요. 언니가 저보다 예쁘고 성실해요. 사랑 씨는 가족이 몇 명이죠?
김: 역시 4인 가족이에요.

06 초밥이 가장 맛있어요

상황 1 음식점 거리에서

야마시타: 사랑 씨, 일본 음식 중에서 무엇을 가장 좋아해요?
김: 초밥이에요. 초밥이 가장 맛있어요.
야마시타: 그럼 오늘 저녁, 초밥은 어때요?
김: 초밥집은 여기서 가깝나요?
야마시타: 멀지 않아요.
김: 하지만 초밥은 비싸서…….
야마시타: 회전초밥은 싸고 맛있어요.
김: 그래요? 그럼 좋아요.

상황 2 회전초밥집에서

점원: 어서 오세요. 몇 분이세요?
야마시타: 두 명입니다.
점원: 이쪽으로 오세요.
김: 느낌이 좋은 가게네요.
야마시타: 여기는 이 근처에서 유명한 가게예요.
김: 손님이 많네요.
야마시타: 토요일은 특히 사람이 많아요. 사랑 씨, 음료는요?
김: 시원한 생맥주로 할게요.

본문 해석

07 어제는 늦었네요

상황 1 아파트 복도에서

나카무라: 사랑 씨, 어제는 늦었네요. 아르바이트였나요?

김: 아니요, 아르바이트가 아니었어요. 제 생일이었거든요.

나카무라: 어머, 사랑 씨는 6월 3일생이에요? 난 6월 4일생인데.

김: 그럼 오늘이 나카무라 씨 생일이네요. 축하해요. 실례지만, 나카무라 씨는 몇 살이세요?

나카무라: 25살이에요. 사랑 씨는요?

김: 저는 스무살이에요.

상황 2 아파트 복도에서

나카무라: 어제 레스토랑 음식 맛은 어땠어요?

김: 정말 맛있었어요.

나카무라: 다행이네요. 교통은 편리했어요?

김: 아니요, 그다지 편리하지는 않았어요.

나카무라: 가격은 비싼 편이었나요?

김: 아니요, 그다지 비싸지 않았어요.

나카무라: 그럼 언젠가 같이 어때요?

08 화장실은 어디에 있어요?

상황 1 백화점에서

김: 미안합니다. 구두 매장은 어디예요?

점원: 남성용인가요, 여성용인가요?

김: 여성용입니다.

점원: 여성용 구두는 이 층에는 없습니다. 1층에 있습니다.

김: 그리고 화장실은 어디에 있어요?

점원: 저 우산 매장 오른쪽이에요.

김: 이 백화점 안에 약국은 없나요?

점원: 네, 없습니다.

상황 2 백화점에서 전화를 받으며

야마시타: 여보세요, 사랑 씨? 야마시타입니다. 지금 어디에 있어요?

김: 백화점에 있어요.

야마시타: 어? 오늘 수업은 없나요?

김: 네, 없어요.

야마시타: 뭔가 쇼핑해요?

김: 네. 게다가 마침 이 근처에서 저녁식사 약속이 있어요.

야마시타: 그래요? 지금 사랑 씨 옆에 누군가 있나요?

김: 아니요, 아무도 없어요.

09 내일 어딘가 가나요?

상황 1 대학 캠퍼스에서

야마시타: 사랑 씨, 내일 어딘가 가나요?

김: 아니요, 아무데도 안 가요. 일요일은 항상 집에서 빨래랑 청소를 해요.

야마시타: 그럼 저녁 무렵에는 한가하겠군요.

김: 아마 그럴 거예요.

야마시타: 오랜만에 한잔하지 않을래요?

김: 좋아요. 어디서 몇 시에 만날까요?

야마시타: 6시 반에 역 앞 공원에서 만납시다.

김: 알겠습니다.

상황 2 술집에서

야마시타: 사랑 씨, 일본에서의 생활에는 이제 익숙해졌어요?

김: 아직요. 일본어가 어려워서요.

야마시타: 그래요? 사랑 씨, 일본어 잘하는데요.

김: 고마워요. 그런데 배가 고프네요.

야마시타: 주먹밥을 주문할까요?

김: 좋아요. 구운 주먹밥을 부탁해요.

야마시타: 사랑 씨, 술 좋아해요?

김: 좋아하는데, 요즘은 바빠서 전혀 못 마셨어요.

10 친구를 마중하러 가요

상황 1 학교 앞에서

야마시타: 사랑 씨, 지금 바빠요?
김: 네, 조금요. 지금부터 나리타공항에 가요.
야마시타: 왜요?
김: 한국에서 친구가 와서 친구를 마중하러 가요.
야마시타: 그래요? 뭘로 가요?
김: 전철로 가요. 나리타공항까지는 어느 정도 걸려요?
야마시타: 1시간 반 정도 걸려요.
김: 그럼 전철 안에서 책이라도 읽으면서 갈게요.

상황 2 학교 앞에서

야마시타: 사랑 씨, 친구하고 무엇을 하고 싶어요?
김: 우선 디즈니랜드에 놀러 가고 싶어요.
야마시타: 그리고는요?
김: 맛있는 것을 먹고 싶어요. 또 여행도 하고 싶어요.
야마시타: 가장 가고 싶은 곳은 어디예요?
김: 하코네요. 하코네의 온천물에 들어가고 싶어요.
야마시타: 교토에는 가고 싶지 않아요?
김: 가고 싶지만, 멀어서 이번에는 무리예요.

11 일본어로 쓰는 리포트인가요?

상황 1 대학 캠퍼스에서

야마시타: 사랑 씨, 친구는 벌써 서울로 돌아갔나요?
김: 네, 어제 돌아갔어요.
야마시타: 하코네 여행은 어땠어요?
김: 정말 즐거웠어요. 하지만, 내일까지의 리포트가 걱정이에요.
야마시타: 일본어로 쓰는 리포트인가요?
김: 네. 일본어로 말하는 것은 가능하지만, 쓰는 것은 상당히 어려워요.
야마시타: 어디서 리포트를 쓸 생각이에요?
김: 대학 앞 카페에서 쓸 생각이에요.
야마시타: 내가 도와주러 갈게요.

상황 2 카페에서

김: 야마시타 씨, 커피 좋아해요?
야마시타: 고등학생 때는 써서 싫어했는데, 지금은 좋아하게 됐어요.
김: 어른이 되었군요. 그럼 따뜻한 커피를 주문합시다.
야마시타: 이곳 커피는 맛있나요?
김: 전보다 맛있어져서 요즘은 종종 와요.
야마시타: 분위기도 괜찮네요.
김: 밝고 귀여운 카페예요.
야마시타: 그럼 슬슬 리포트 이야기를 시작해 볼까요?

12 먹고 싶은 것을 이야기해 주세요

상황 1 대학 강의실에서

김: 야마시타 씨, 어제는 고마웠어요. 덕분에 무사히 리포트를 제출했어요.
야마시타: 다행이네요.
김: 뭔가 먹고 싶은 걸 말해 주세요. 한턱낼 테니까.
야마시타: 뭐든 괜찮아요?
김: 네. 저 부자예요.
야마시타: 그럼, 한국음식점에 가서 비빔밥 먹어요.
김: 좋아요. 수업 후에 강의실 앞에서 기다려 주세요.

상황 2 한국음식점에서

김: 비빔밥을 먹기 전에 야키니쿠(고기구이)를 조금 먹어요.
야마시타: 야키니쿠를 먹고 나서 비빔밥을 먹나요?
김: 네. 우선 맥주와 함께 야키니쿠를….
야마시타: 그거 좋네요. 그런데, 비빔밥은 맵지 않나요?
김: 괜찮아요. 그렇게 맵지 않아요.
야마시타: 하지만, 자신이 없네요. 나는 비빔밥을 관두고 물냉면으로 할게요.
김: 비빔밥은 이다음에 도전해 보세요.

본문 해석

13 무엇을 보고 있어요?

상황 1 휴게실에서

야마시타: 사랑 씨, 뭘 보고 있어요?
김: 일본 전국지도를 보고 있어요.
야마시타: 어디를 찾고 있죠?
김: 겨울방학에 갈 장소를 찾고 있어요.
야마시타: 어떤 곳에 가고 싶은 거죠?
김: 일본의 역사나 문화를 이해할 수 있는 곳이요.
야마시타: 그렇다면 역시 교토지요.
김: 그럼 교토와 나라로 정할게요.

상황 2 복사실에서

김: 이 복사기, 쓰고 있나요?
야마시타: 아니요, 비어 있으니까 쓰세요.
김: 고마워요. 야마시타 씨는 복사 안 해요?
야마시타: 먼저 쓰세요.
김: 어머, 복사기가 멈춰 버렸네요.
야마시타: 자주 있는 일이에요. 내가 고쳐 줄게요.
김: 야마시타 씨는 전문가네요.
야마시타: 아니, 간단한 일이에요.

14 스키장에 간 적 있나요?

상황 1 휴게실에서

김: 요즘 추워졌네요.
야마시타: 싫은가요?
김: 네. 추운 겨울을 싫어해서요.
야마시타: 나는 겨울을 매우 좋아해요.
김: 왜요?
야마시타: 스키장에 갈 수 있으니까요. 사랑 씨는 스키장에 간 적 있나요?
김: 아니요, 한번도 없어요. 그래서 당연히 타는 법도 몰라요.
야마시타: 그럼 내가 책임지고 가르쳐 줄게요.

상황 2 휴게실에서

야마시타: 사랑 씨는 언제 한국으로 돌아가나요?
김: 내년 2월에 돌아가요.
야마시타: 쓸쓸해지겠네요.
김: 내가 돌아가면 놀러 오세요. 서울을 안내해 줄 테니까.
야마시타: 언제쯤 가면 돼요?
김: 5월 연휴 때가 좋겠지요. 서울에서는 뭘 하고 싶어요?
야마시타: 쇼핑을 하거나 맛있는 음식을 먹거나, 시내를 걸어다니거나 하고 싶어요.

15 술은 마시지 않는 편이 좋아요

상황 1 병원에서

김: 선생님, 머리가 아파서 괴로워요.
의사: 언제부터 아팠습니까?
김: 어제부터요. 그리고 목도 아파요.
의사: 안색도 좋지 않네요. 입을 벌려 보세요.
김: 네.
의사: 감기 걸렸네요.
김: 그래요?
의사: 약을 줄 테니까 식후에 드세요. 당분간 술은 마시지 않는 편이 좋아요.

상황 2 병원에서

김: 목욕은 해도 되나요?
의사: 오늘은 안 하는 편이 좋아요.
김: 그 밖에 주의할 건 없나요?
의사: 너무 큰 소리로 말하지 마세요. 물론, 담배도 피우면 안 됩니다.
김: 내일 또 병원에 안 와도 되나요?
의사: 모레 오세요.
김: 네, 감사했습니다.
의사: 그럼 몸조리 잘하세요.

구문연습 정답

01 はじめまして

1.
① キムさんは韓国人です。
② 中村さんは会社員です。
③ 山下さんは学生です。
④ 本田さんは先生です。

2.
① A：木村さんは歌手ですか。
　B：いいえ、歌手ではありません。
② A：キムさんは中国人ですか。
　B：いいえ、中国人ではありません。
③ A：鈴木さんは野球選手ですか。
　B：いいえ、野球選手ではありません。
④ A：田中さんは会社の社長ですか。
　B：いいえ、会社の社長ではありません。

3.
① キムといいます。
　キムともうします。
② 中村といいます。
　中村ともうします。
③ 本田といいます。
　本田ともうします。
④ 鈴木といいます。
　鈴木ともうします。

4.
① 会社員じゃないです。
② 医者じゃないです。
③ 社長じゃないです。
④ 公務員じゃないです。

02 あれは 何ですか

1.
① わたしは韓国人で、公務員です。
② 李さんは中国人で、会社員です。
③ わたしは店長で、彼は店員です。
④ これはわたしの家で、あれは中村さんの家です。

2.
① 李さんは韓国人ですか、中国人ですか。
② 山田さんは店長ですか、店員ですか。
③ 中村さんは大学生ですか、大学院生ですか。
④ キムさんは１年生ですか、２年生ですか。

3.
① 中村さんと田中さんは学生です。
② わたしと山下さんは１年生です。
③ これとあれは人気メニューです。
④ 野球とサッカーは人気スポーツです。

4.
① その傘はだれのですか。
② あの本は鈴木さんのです。
③ この靴は田中さんのです。
④ その財布は本田先生のです。

03 何時から 何時までですか

1.
① アルバイトは午前ろくじから午後いちじまでです。
② 試験は火曜日から土曜日までです。
③ 予約席はここからあそこまでです。
④ 休みはきょうからあしたまでです。

2.
① これはわたしのですが、あれはわたしのではありません。
② わたしは学生ですが、彼は学生ではありません。
③ ここは会議室ですが、あそこは会議室ではありません。
④ イムさんは韓国人ですが、はやしさんは韓国人ではありません。

3.
① 今しちじさんじゅっぷんです。
② 今よじごじゅうごふんです。
③ 今じゅういちじにじゅっぷんです。
④ 今はちじじゅうごふんです。

4.
① 金さんの自宅の電話番号はゼロにのろくさんななのにごさんゼロです。
② 会社の電話番号はゼロさんいちのにきゅうはちのいちななよんごです。
③ 病院の電話番号はゼロさんのななさんごのいちいちさんななです。
④ 駅の電話番号はよんいちきゅうのゼロはちろくにです。

구문연습 정답

04 東京駅まで いくらですか

1.
① A：このスカートはいくらですか。
B：にせんきゅうひゃくはちじゅうえんです。
② A：このデジカメはいくらですか。
B：よんまんさんぜんはっぴゃくえんです。
③ A：そのかばんはいくらですか。
B：ろくせんさんびゃくえんです。
④ A：あの時計はいくらですか。
B：はっせんろっぴゃくえんです。

2.
① A：渋谷駅までいくらですか。
B：ひゃくはちじゅうえんです。
② A：成田空港までいくらですか。
B：せんにひゃくきゅうじゅうえんです。
③ A：箱根までいくらですか。
B：せんごひゃくよんじゅうえんです。
④ A：ソウルまでいくらですか。
B：いちまんななせんきゅうひゃくえんです。

3.
① みかんをいつつください。
② うどんをふたつください。
③ りんごをよっつください。
④ みそラーメンをみっつください。

4.
① りんごをください。それからみかんもお願いします。
② 水をください。それからメニューもお願いします。
③ とんかつをください。それからコーラもお願いします。
④ 鉛筆をください。それから消しゴムもお願いします。

05 音楽よりは スポーツの 方が 好きです

1.
① 私は日本語が上手ではありません。
私は日本語が上手じゃないです。
② すしが大好きではありません。
すしが大好きじゃないです。
③ これは簡単ではありません。
これは簡単じゃないです。
④ 私は魚がきらいではありません。
私は魚がきらいじゃないです。

2.
① すてきで正直な方ですね。
② 便利でにぎやかなところですね。
③ 有名で立派な建物ですね。
④ まじめで親切な学生ですね。

3.
① きれいだから好きです。
② にぎやかだからきらいです。
③ 便利だから好きです。
④ はでだからきらいです。

4.
① ソウルと東京とどちらがにぎやかですか。
② 韓国人と日本人とどちらが親切ですか。
③ 中国人とアメリカ人とどちらがまじめですか。
④ さくらとばらとどちらがきれいですか。

06 寿司が 一番 おいしいです

1.
① 日本の都市の中でどこが一番好きですか。
② 科目の中で何が一番おもしろいですか。
③ 外国語の中で何が一番上手ですか。
④ 家族の中でだれが一番背が高いですか。

2.
① 日本料理は辛くありません。
② この頃は忙しくありません。
③ 授業は早くありません。
④ 天気はよくありません。

3.
① おいしいりんごです。
② 悲しい話です。
③ 楽しい人です。
④ 高いビルです。

4.
① 悲しくておもしろい話です。
② 小さくてかわいいかばんです。
③ 辛くておいしいラーメンです。
④ 性格がよくて明るい人です。

07 きのうは 遅かったですね

1.
① 去年は1年生でした。
去年は1年生ではありませんでした。
② 先週は試合でした。
先週は試合ではありませんでした。
③ おとといは雨でした。
おとといは雨ではありませんでした。
④ 先月は休暇でした。
先月は休暇ではありませんでした。

2.
① 日本語が上手でした。
日本語はあまり上手ではありませんでした。
② 部屋がきれいでした。
部屋はあまりきれいではありませんでした。
③ まわりが静かでした。
まわりはあまり静かではありませんでした。
④ 町がにぎやかでした。
町はあまりにぎやかではありませんでした。

3.
① 教室が明るかったです。
教室はあまり明るくありませんでした。
② かばんがかわいかったです。
かばんはあまりかわいくありませんでした。
③ 部屋が暑かったです。
部屋はあまり暑くありませんでした。
④ 記録がよかったです。
記録はあまりよくありませんでした。

4.
① コンサートはしちがつみっかです。
② 入学式はしがつついたちです。
③ 結婚式はくがつここのかです。
④ 卒業式はにがつにじゅうよっかです。

08 お手洗いは どこに ありますか

1.
① A：娘さんはどこにいますか。
B：アメリカにいます。
② A：タクシーはどこにありますか。
B：あそこにあります。
③ A：赤ちゃんはどこにいますか。
B：部屋にいます。
④ A：食堂はどこにありますか。
B：学生会館にあります。

2.
① A：部屋にベッドはありますか。
B：いいえ、ありません。
② A：川に魚はいますか。
B：いいえ、いません。
③ A：魚屋に魚はありますか。
B：いいえ、ありません。
④ A：教室にテレビはありますか。
B：いいえ、ありません。

3.
① A：トイレは何階ですか。
B：1階です。
② A：図書館は何階ですか。
B：３階です。
③ A：会議室は何階ですか。
B：20階です。
④ A：レストランは何階ですか。
B：６階です。

4.
① 犬は窓の下にいます。
② 携帯はテーブルの上にあります。
③ 銀行は大学の左側にあります。
④ 姉はデパートの前にいます。

09 あした どこか 行きますか

1.
① A：テレビを見ますか。
B：いいえ、見ません。
② A：本を読みますか。
B：いいえ、読みません。
③ A：運転ができますか。
B：いいえ、できません。
④ A：毎日運動をしますか。
B：いいえ、しません。

구문연습 정답

2.
① A：薬を飲みましたか。
　B：いいえ、飲みませんでした。
② A：朝ご飯を食べましたか。
　B：いいえ、食べませんでした。
③ A：友達に話しましたか。
　B：いいえ、話しませんでした。
④ A：警察を呼びましたか。
　B：いいえ、呼びませんでした。

3.
① A：歌を歌いましょうか。
　B：はい、歌いましょう。
② A：一緒に踊りましょうか。
　B：はい、踊りましょう。
③ A：バスに乗りましょうか。
　B：はい、乗りましょう。
④ A：少し待ちましょうか。
　B：はい、待ちましょう。

4.
① ソウルは雨でしょう。
② 地下鉄の方が安いでしょう。
③ 交通が便利でしょう。
④ 母も来るでしょう。

10 友達を 迎えに 行きます

1.
① 本を借りに行きます。
② 母を手伝いに来ます。
③ 海で泳ぎに行きます。
④ 買い物をしに出かけます。

2.
① 友達を待ちながら本を読みます。
② 考えながら仕事をします。
③ 野球競技を見ながらビールを飲みます。
④ ピアノを弾きながら歌を歌います。

3.
① いい小説が(を)書きたいです。
② 富士山に登りたいです。
③ 世界一周が(を)したいです。
④ 世界新記録が(を)出したいです。

4.
① 彼氏に会いたくありません。
② 彼と遊びたくありません。
③ 掃除が(を)したくありません。
④ 先生に話したくありません。

11 日本語で 書く レポートですか

1.
① 何を勉強するつもりですか。
② だれと会う約束ですか。
③ 何日かかる旅行ですか。
④ どこに住む予定ですか。

2.
① ゆっくり休むことができます。
② 試合で勝つことができます。
③ 家に帰ることができます。
④ 金メダルを取ることができます。

3.
① 早く起きます。
② 遅く寝ます。
③ まじめに働きます。
④ 上手に踊ります。

4.
① 部屋がきたなくなりました。
② 風が強くなりました。
③ 町がにぎやかになりました。
④ あのカフェは有名になりました。

12 食べたい ものを 話して ください

1.
① 友達を呼んで公園で遊びます。
② 本屋に行って本を買います。
③ 朝起きてジョギングをします。
④ 電車に乗って音楽を聞きます。

2.
① 韓国に来てください。
② 全部食べてください。
③ ここに並んでください。
④ ドアを引いてください。

3.
① レポートを書く前に資料を集めます。
② 電車に乗る前に飲み物を買います。
③ 会議が始まる前にたばこを吸います。
④ 朝ご飯を食べる前に新聞を読みます。

4.
① スーパーに寄ってから寮に行きます。
② 野菜を入れてからお肉を入れます。
③ 手を洗ってから食事をします。
④ 少し休んでから勉強をします。

13 何を 見て いますか

1.
① 雨が降っています。
② 赤ちゃんと遊んでいます。
③ ソウルに住んでいます。
④ デパートがしまっています。

2.
① これは私の席なんです。
② 韓国人は親切なんです。
③ 旅行は楽しいんです。
④ 小説を書いているんです。

3.
① 書類が破れてしまいました。
② 道を迷ってしまいました。
③ 彼の秘密を知ってしまいました。
④ 魚が逃げてしまいました。

4.
① 彼女に花を贈ってあげました。
② 子供に本を読んであげました。
③ お父さんの肩をたたいてあげました。
④ 救急車を呼んであげました。

14 スキー場に 行った ことが ありますか

1.
① きょうは私の誕生日なので、パーティーをします。
② 彼は親切なので、女性に人気があります。
③ 日本語は文法がやさしいので、韓国人が習い易いです。
④ あした試験があるので、夜遅くまで勉強します。

2.
① 昔、東京に住んだことがあります。
② 彼女のお父さんに会ったことがあります。
③ おもしろい作品を書いたことがあります。
④ 子供の時、この川で泳いだことがあります。

3.
① 運動をしたら健康になります。
② 薬を飲んだら病気が治ります。
③ 雪が降ったら旅行をやめます。
④ 風邪を引いたら学校を休みます。

4.
① 雨が降ったり、風が吹いたりします。
② 電話をかけたり、メールを送ったりします。
③ 韓国と日本を行ったり来たりします。
④ ビールを飲んだり、話をしたりします。

15 お酒は 飲まない 方が いいですよ

1.
① あした私の事務室に来ない方がいいです。
② 彼にプレゼントをあげない方がいいです。
③ 友達にお金を借りない方がいいです。
④ 彼女に未練を持たない方がいいです。

2.
① 言い訳をしないでください。
② 私から逃げないでください。
③ 風邪を引かないでください。
④ 地下鉄の中で携帯を使わないでください。

3.
① 会議に遅刻してはいけません。
② ここに車を止めてはいけません。
③ このマンションではペットを飼ってはいけません。
④ 授業中に立ってはいけません。

4.
① 警察を呼ばなくてもいいですか。
② レポートを書かなくてもいいですか。
③ あした早く起きなくてもいいですか。
④ 彼女を待たなくてもいいですか。

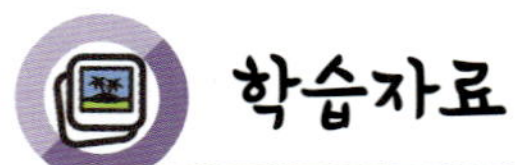

학습자료

1 동사 활용표

	기본형(사전형)	공손형(ます형)	희망형(たい형)	중지형	접속형(て형)	과거형(た형)	가정형1(たら형)
5단동사(1그룹동사)	いう	いいます	いいたい	いい	いって	いった	いったら
	かく	かきます	かきたい	かき	かいて	かいた	かいたら
	およぐ	およぎます	およぎたい	およぎ	およいで	およいだ	およいだら
	はなす	はなします	はなしたい	はなし	はなして	はなした	はなしたら
	かつ	かちます	かちたい	かち	かって	かった	かったら
	しぬ	しにます	しにたい	しに	しんで	しんだ	しんだら
	よぶ	よびます	よびたい	よび	よんで	よんだ	よんだら
	のむ	のみます	のみたい	のみ	のんで	のんだ	のんだら
	のる	のります	のりたい	のり	のって	のった	のったら
	＊帰(かえ)る	かえります	かえりたい	かえり	かえって	かえった	かえったら
	＊行(い)く	いきます	いきたい	いき	いって	いった	いったら
1단동사(2그룹동사)	おきる	おきます	おきたい	おき	おきて	おきた	おきたら
	たべる	たべます	たべたい	たべ	たべて	たべた	たべたら
변격동사(3그룹동사)	する	します	したい	し	して	した	したら
	くる	きます	きたい	き	きて	きた	きたら

예시형(たり형)	부정형(ない형)	수동형	사역형	가정형2(ば형)	가능형	명령형	의지형/청유형
いったり	いわない	いわれる	いわせる	いえば	いえる	いえ	いおう
かいたり	かかない	かかれる	かかせる	かけば	かける	かけ	かこう
およいだり	およがない	およがれる	およがせる	およげば	およげる	およげ	およごう
はなしたり	はなさない	はなされる	はなさせる	はなせば	はなせる	はなせ	はなそう
かったり	かたない	かたれる	かたせる	かてば	かてる	かて	かとう
しんだり	しなない	しなれる	しなせる	しねば	しねる	しね	しのう
よんだり	よばない	よばれる	よばせる	よべば	よべる	よべ	よぼう
のんだり	のまない	のまれる	のませる	のめば	のめる	のめ	のもう
のったり	のらない	のられる	のらせる	のれば	のれる	のれ	のろう
かえったり	かえらない	かえられる	かえらせる	かえれば	かえれる	かえれ	かえろう
いったり	いかない	いかれる	いかせる	いけば	いける	いけ	いこう
おきたり	おきない	おきられる	おきさせる	おきれば	おきられる	おきろ	おきよう
たべたり	たべない	たべられる	たべさせる	たべれば	たべられる	たべろ	たべよう
したり	しない	される	させる	すれば	できる	しろ せよ	しよう
きたり	こない	こられる	こさせる	くれば	こられる	こい	こよう

학습자료

2 형용사 활용표

<table>
<tr><th rowspan="2"></th><th rowspan="2">기본형</th><th colspan="2">현재형</th><th colspan="2">과거형</th><th rowspan="2">명사
수식형</th><th rowspan="2">접속형</th><th rowspan="2">부사형</th></tr>
<tr><th>긍정형</th><th>부정형</th><th>긍정형</th><th>부정형</th></tr>
<tr><td rowspan="2">な형용사</td><td rowspan="2">すきだ</td><td>すきだ</td><td>すきではない

すきじゃない</td><td>すきだった</td><td>すきではなかった

すきじゃなかった</td><td rowspan="2">すきな</td><td rowspan="2">すきで</td><td rowspan="2">すきに</td></tr>
<tr><td>すきです</td><td>すきではありません

すきじゃないです</td><td>すきでした</td><td>すきではありませんでした

すきじゃなかったです</td></tr>
<tr><td rowspan="4">い형용사</td><td rowspan="2">おいしい</td><td>おいしい</td><td>おいしくない</td><td>おいしかった</td><td>おいしくなかった</td><td rowspan="2">おいしい</td><td rowspan="2">おいしくて</td><td rowspan="2">おいしく</td></tr>
<tr><td>おいしいです</td><td>おいしくありません

おいしくないです</td><td>おいしかったです</td><td>おいしくありませんでした

おいしくなかったです</td></tr>
<tr><td rowspan="2">*いい</td><td>いい</td><td>よくない</td><td>よかった</td><td>よくなかった</td><td rowspan="2">いい</td><td rowspan="2">よくて</td><td rowspan="2">よく</td></tr>
<tr><td>いいです</td><td>よくありません

よくないです</td><td>よかったです</td><td>よくありませんでした

よくなかったです</td></tr>
</table>

3 조동사 だ 활용표

기본형	현재형		과거형		명사수식형	접속형
	긍정형	부정형	긍정형	부정형		
学生	学生だ	学生ではない 学生じゃない	学生だった	学生ではなかった 学生じゃなかった	学生の	学生で
	学生です	学生ではありません 学生じゃないです	学生でした	学生ではありませんでした 学生じゃなかったです		

캠퍼스 교양일본어

지은이 김옥희
펴낸이 정규도
펴낸곳 (주)다락원

초판 1쇄 발행 2015년 2월 26일
초판 4쇄 발행 2023년 3월 8일

책임편집 송화록, 이경숙
디자인 김희정, 구수정
일러스트 조영남

다락원 경기도 파주시 문발로 211
내용문의 (02)736-2031 내선 460~465
구입문의 (02)736-2031 내선 250~252
Fax (02)732-2037
출판등록 1977년 9월 16일 제406-2008-000007호

Copyright © 2015, 김옥희

저자 및 출판사의 허락 없이 이 책의 일부 또는 전부를 무단 복제·전재·발췌할 수 없습니다. 구입 후 철회는 회사 내규에 부합하는 경우에 가능하므로 구입문의처에 문의하시기 바랍니다. 분실·파손 등에 따른 소비자 피해에 대해서는 공정거래위원회에서 고시한 소비자 분쟁 해결 기준에 따라 보상 가능합니다. 잘못된 책은 바꿔 드립니다.

값 13,000원 (교재+일본어 가나 쓰기+MP3 CD 1장)

ISBN 978-89-277-1125-4 18730

http://www.darakwon.co.kr

- 다락원 홈페이지를 방문하시면 상세한 출판 정보와 함께 동영상 강좌, MP3 자료 등 다양한 어학 정보를 얻으실 수 있습니다.
- 다락원 홈페이지 자료실에서 MP3 파일(무료)을 다운로드 받으실 수 있습니다.

일본어 가나 쓰기

다락원

가나 오십음도

히라가나 ひらがな

단＼행	あ행	か행	さ행	た행	な행
あ단	あ [a]	か [ka]	さ [sa]	た [ta]	な [na]
い단	い [i]	き [ki]	し [shi]	ち [chi]	に [ni]
う단	う [u]	く [ku]	す [su]	つ [tsu]	ぬ [nu]
え단	え [e]	け [ke]	せ [se]	て [te]	ね [ne]
お단	お [o]	こ [ko]	そ [so]	と [to]	の [no]

가타카나 カタカナ

단＼행	ア행	カ행	サ행	タ행	ナ행
ア단	ア [a]	カ [ka]	サ [sa]	タ [ta]	ナ [na]
イ단	イ [i]	キ [ki]	シ [shi]	チ [chi]	ニ [ni]
ウ단	ウ [u]	ク [ku]	ス [su]	ツ [tsu]	ヌ [nu]
エ단	エ [e]	ケ [ke]	セ [se]	テ [te]	ネ [ne]
オ단	オ [o]	コ [ko]	ソ [so]	ト [to]	ノ [no]

は행	ま행	や행	ら행	わ행	
は [ha]	ま [ma]	や [ya]	ら [ra]	わ [wa]	
ひ [hi]	み [mi]		り [ri]		
ふ [hu]	む [mu]	ゆ [yu]	る [ru]		
へ [he]	め [me]		れ [re]		
ほ [ho]	も [mo]	よ [yo]	ろ [ro]	を [wo]	ん [n]

ハ행	マ행	ヤ행	ラ행	ワ행	
ハ [ha]	マ [ma]	ヤ [ya]	ラ [ra]	ワ [wa]	
ヒ [hi]	ミ [mi]		リ [ri]		
フ [hu]	ム [mu]	ユ [yu]	ル [ru]		
ヘ [he]	メ [me]		レ [re]		
ホ [ho]	モ [mo]	ヨ [yo]	ロ [ro]	ヲ [wo]	ン [n]

1. 청음

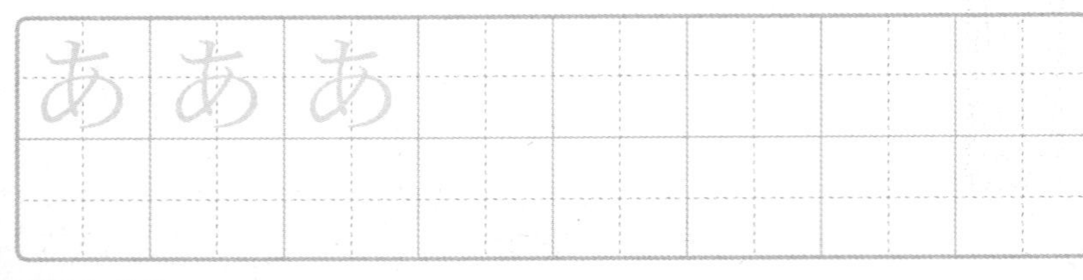

あい 사랑

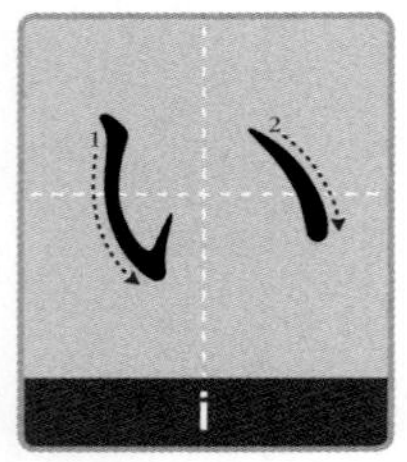

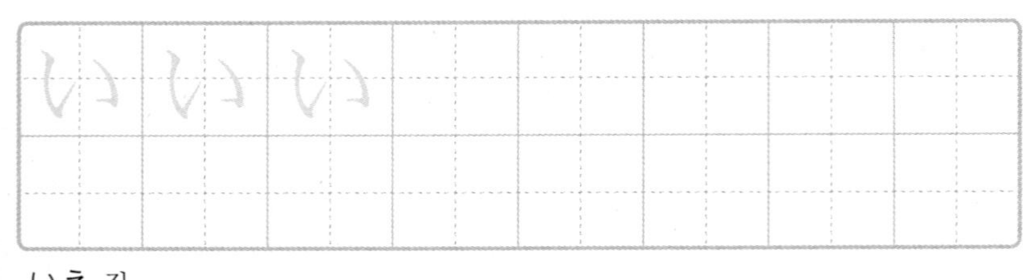

いえ 집

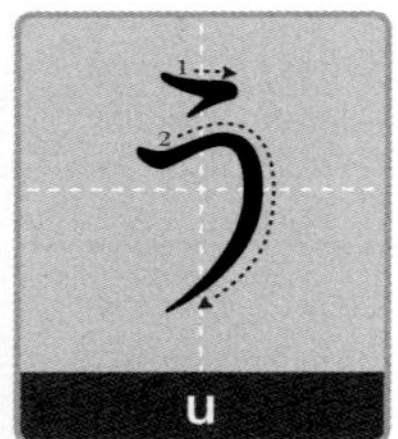

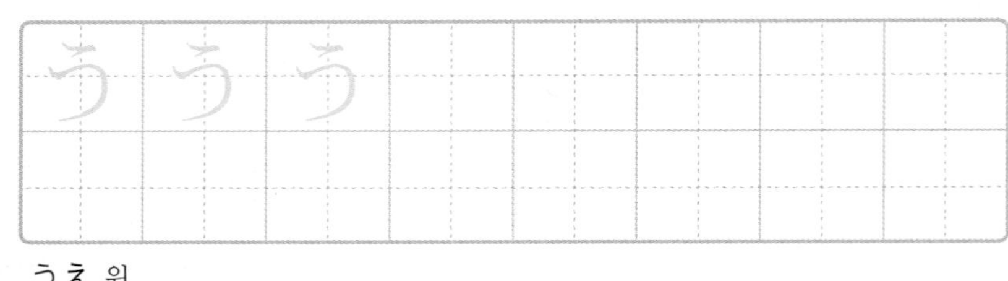

うえ 위

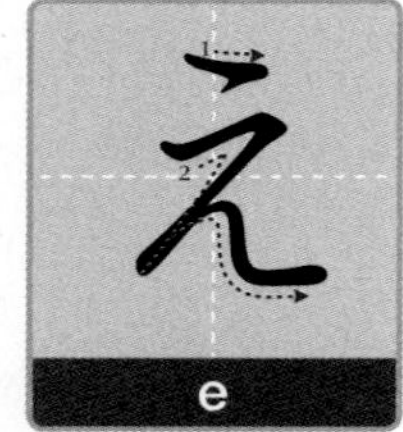

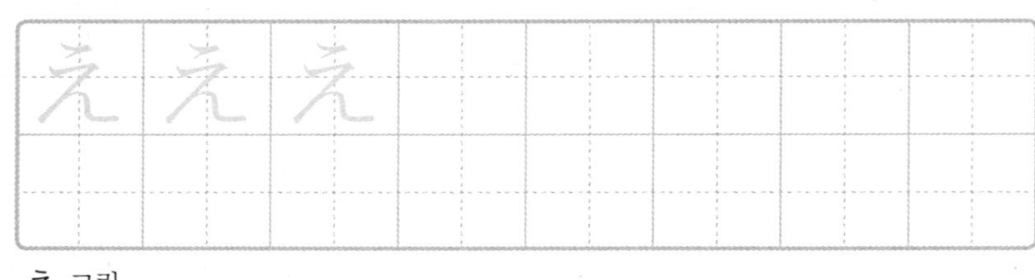

え 그림

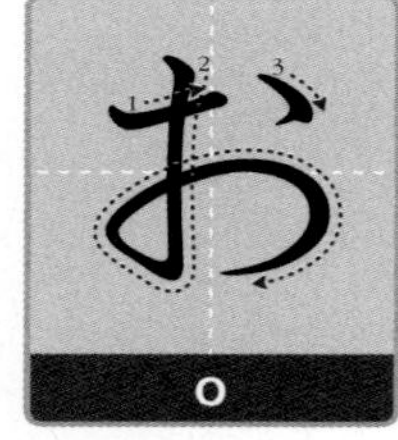

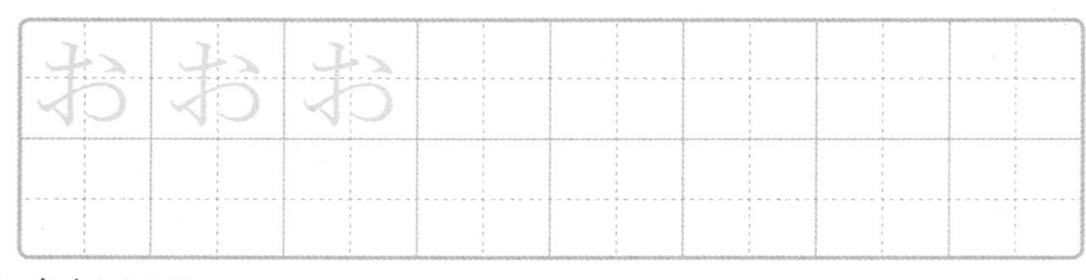

あお 파란색

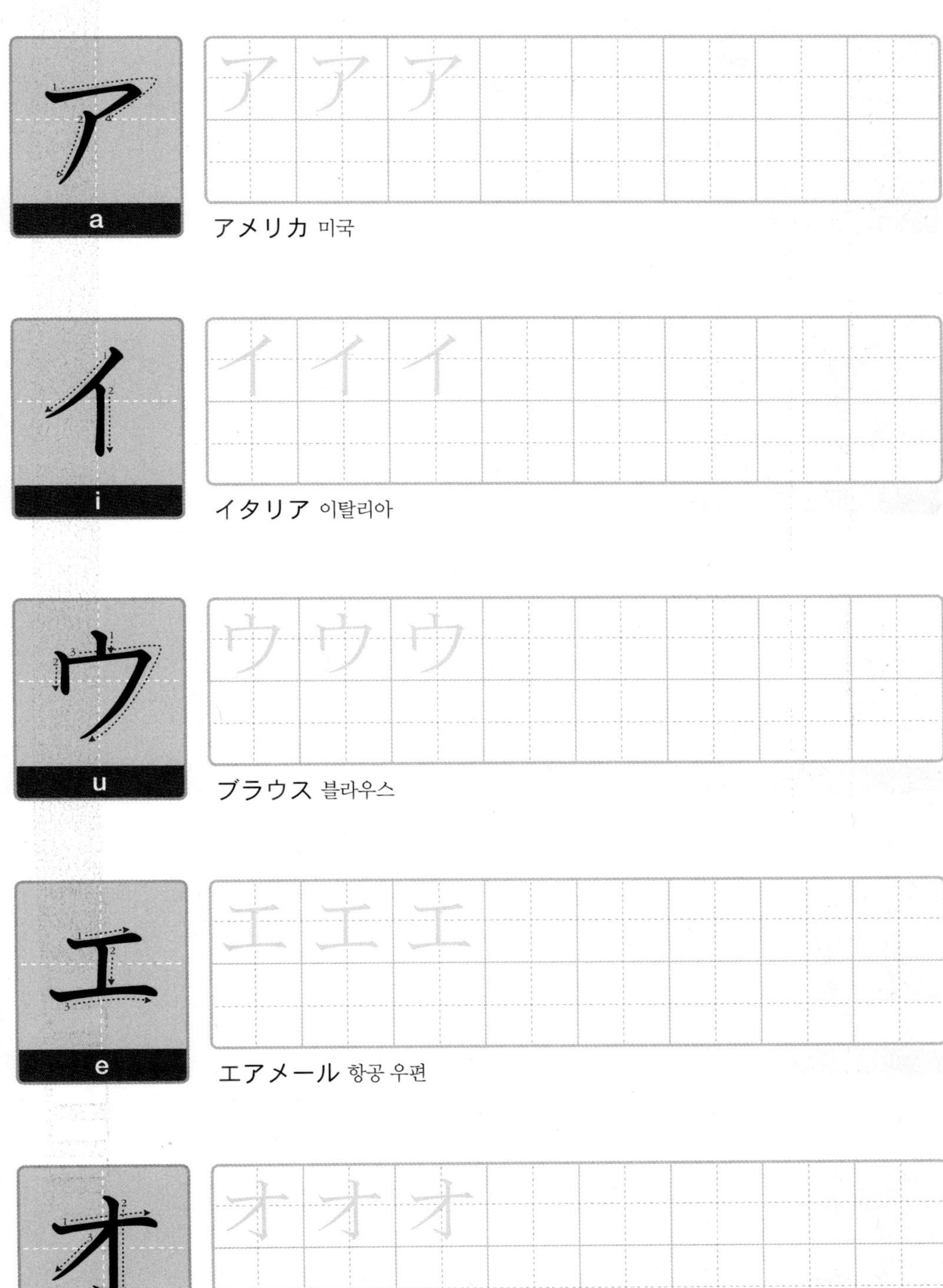

アメリカ 미국

イタリア 이탈리아

ブラウス 블라우스

エアメール 항공 우편

オルゴール 오르골

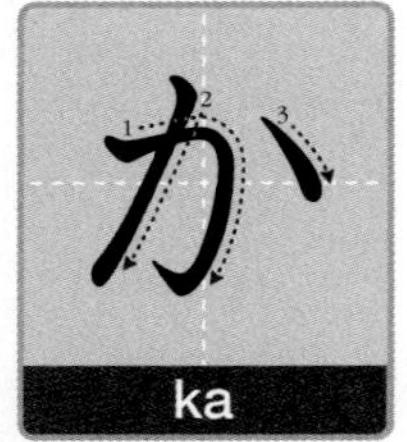

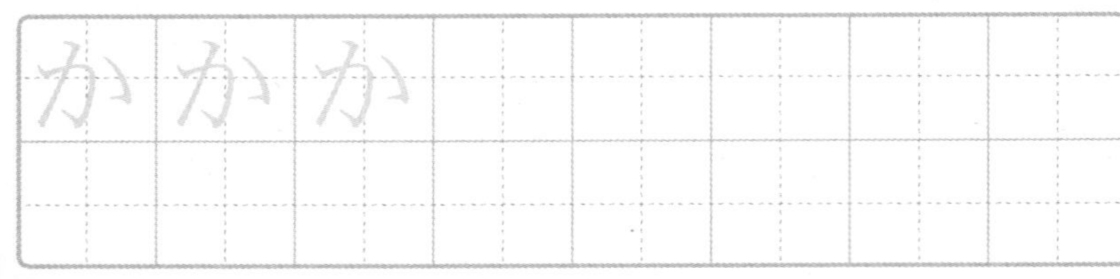

かお 얼굴

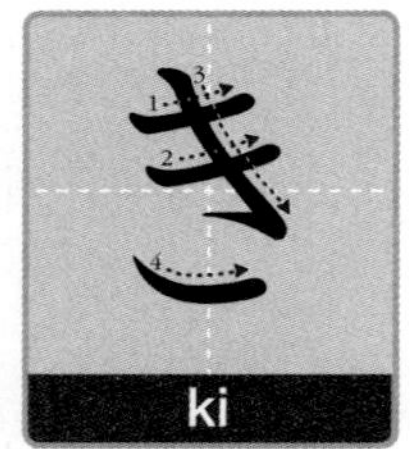

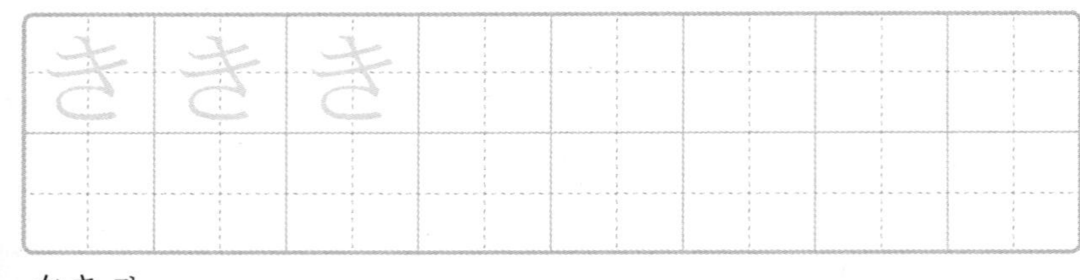

かき 감

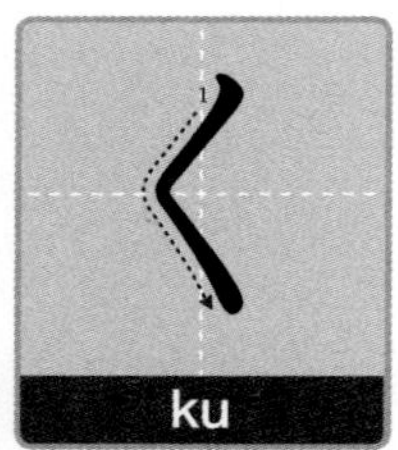

いく 가다

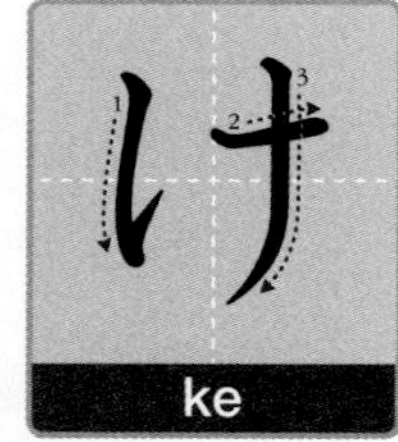

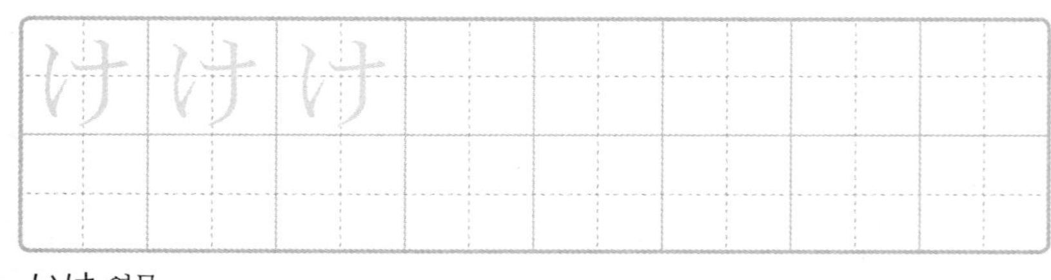

いけ 연못

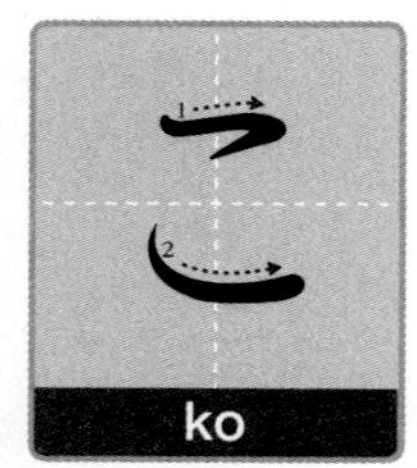

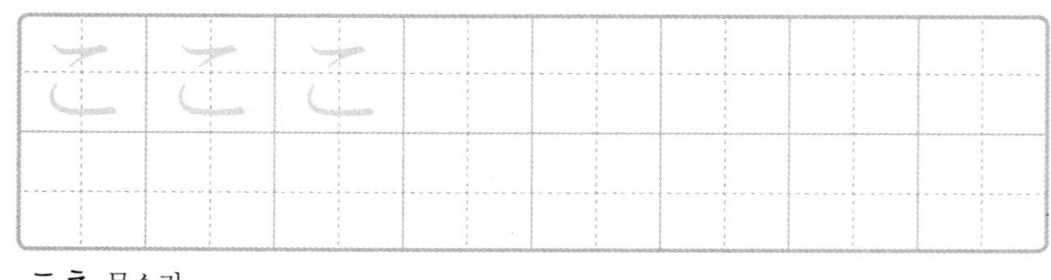

こえ 목소리

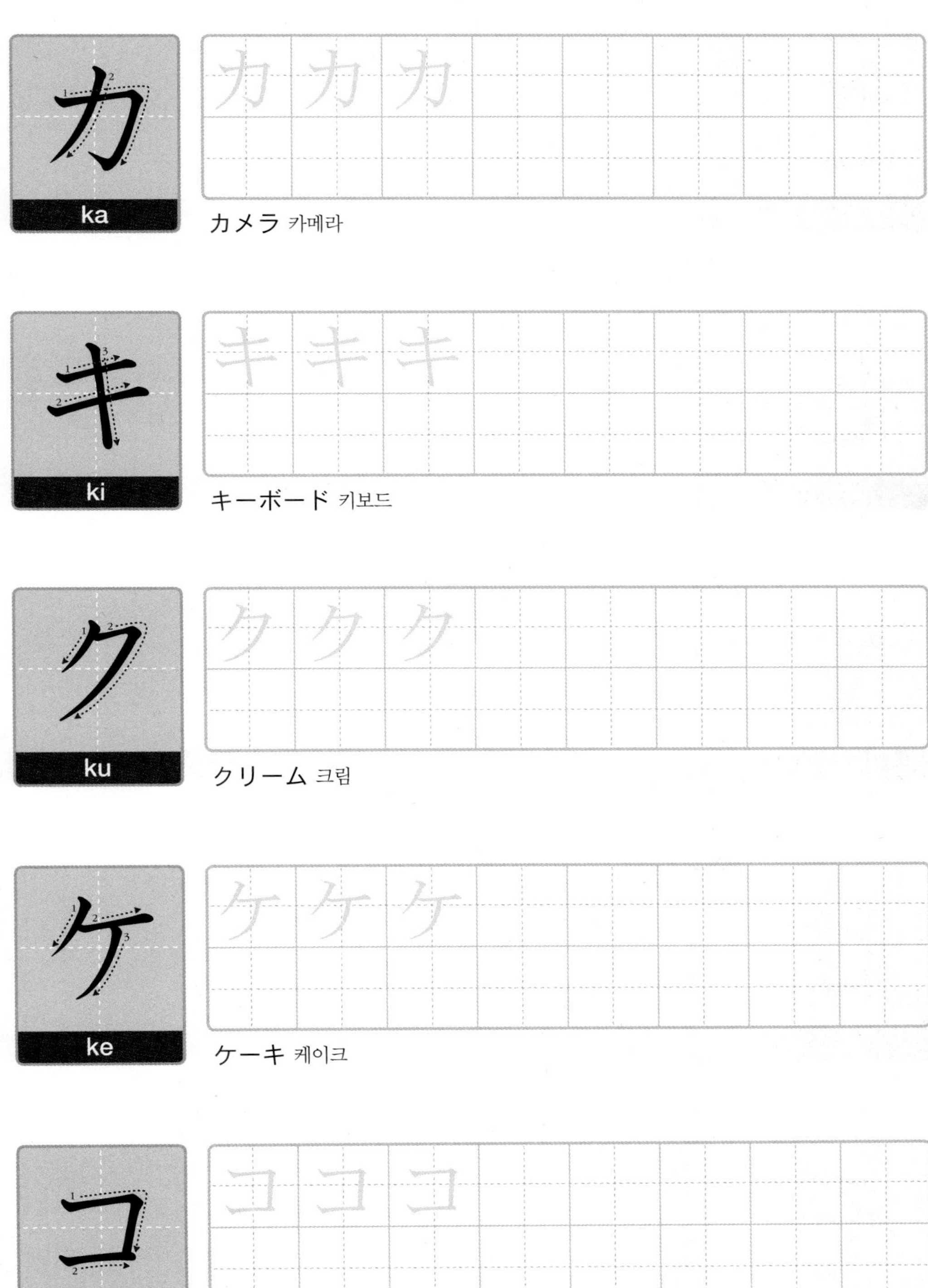

カメラ 카메라

キーボード 키보드

クリーム 크림

ケーキ 케이크

コーヒー 커피

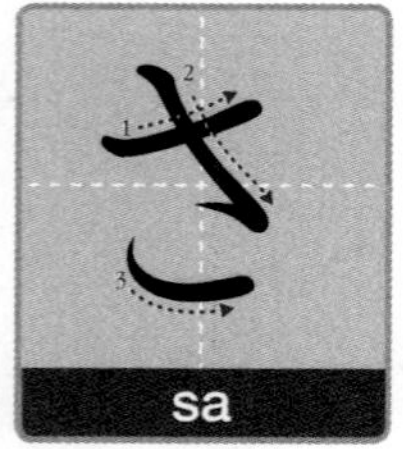

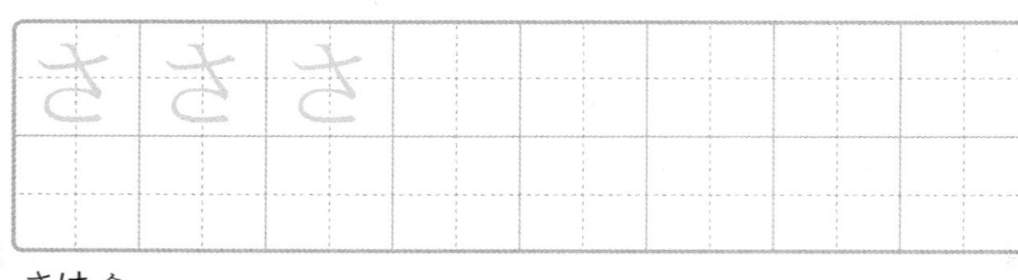

さけ 술

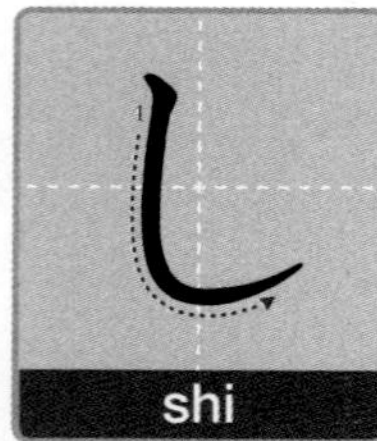

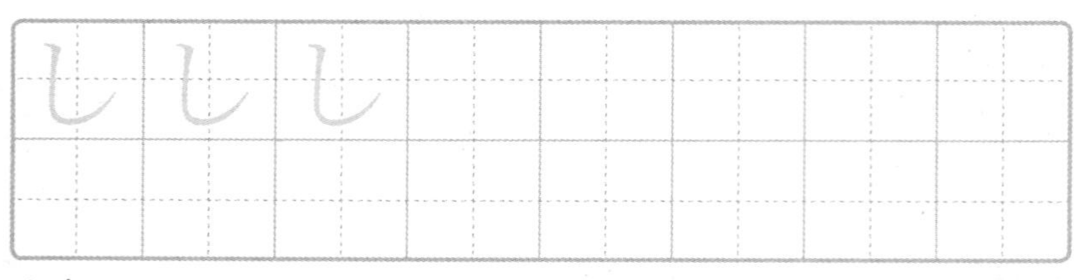

しお 소금

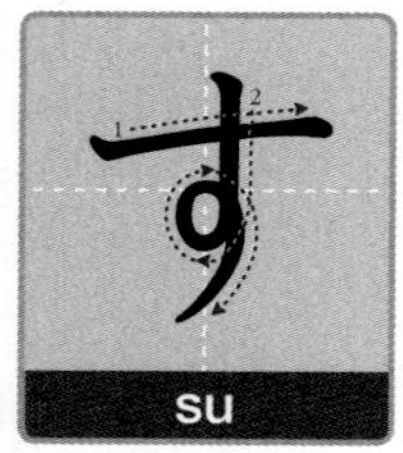

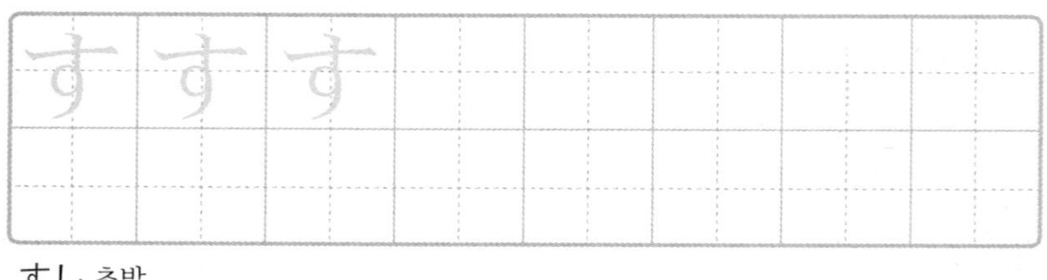

すし 초밥

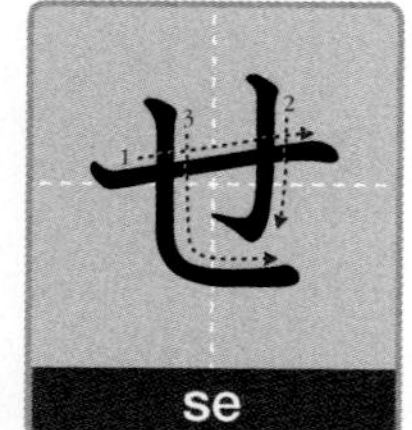

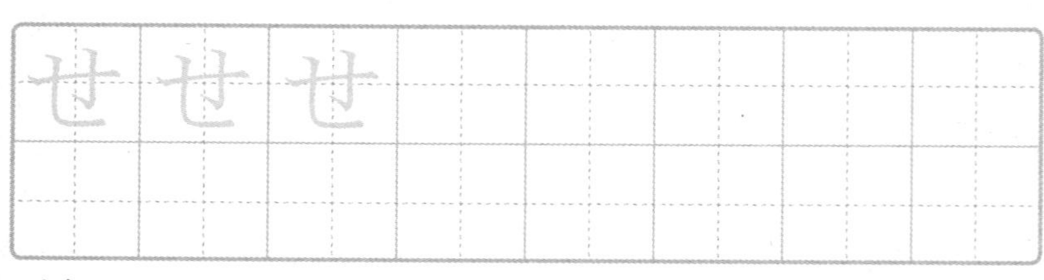

せかい 세계

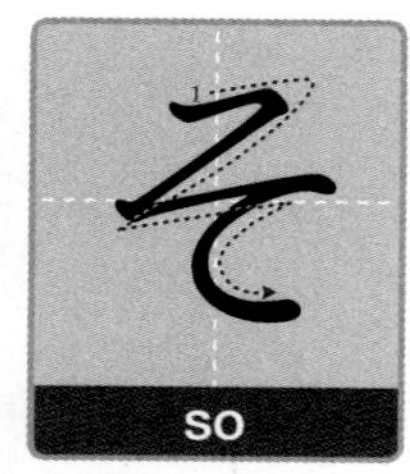

そ

so

そこ 그곳, 거기

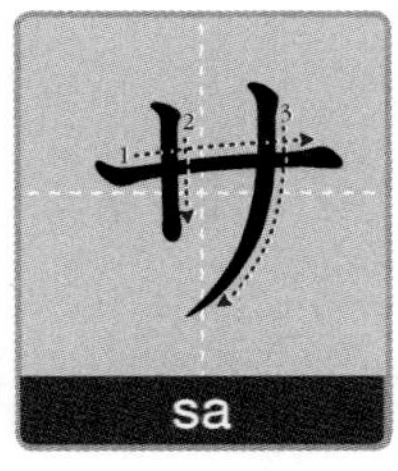

サッカー 축구

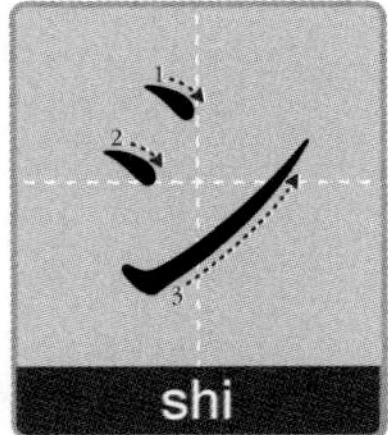

シンボル 심벌, 상징

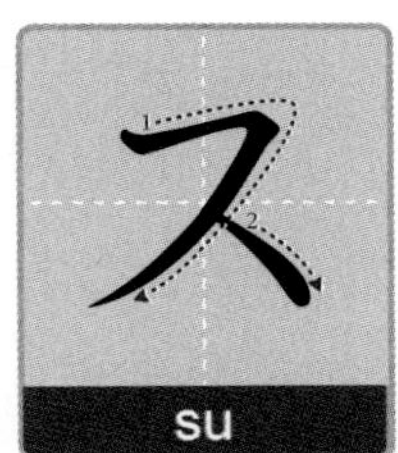

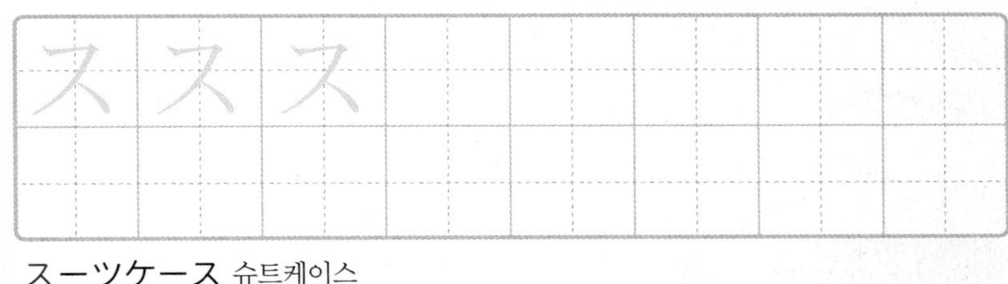

スーツケース 슈트케이스

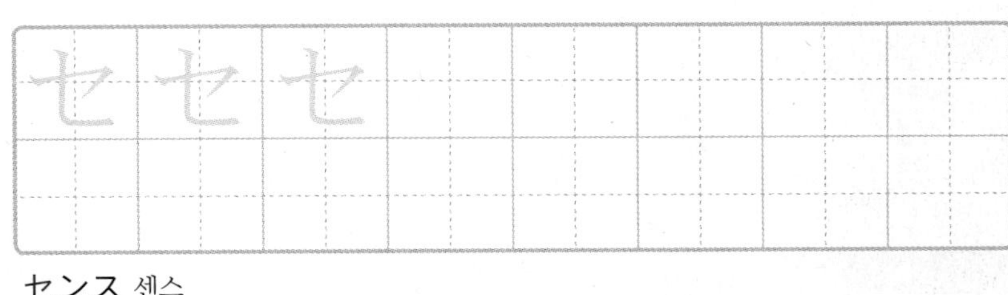

センス 센스

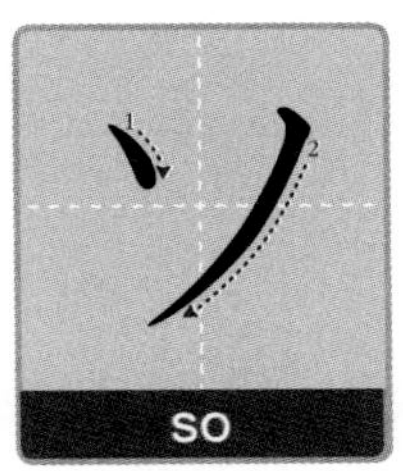

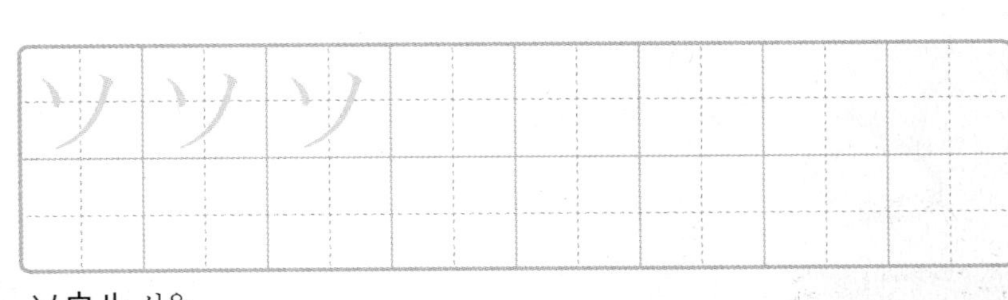

ソウル 서울

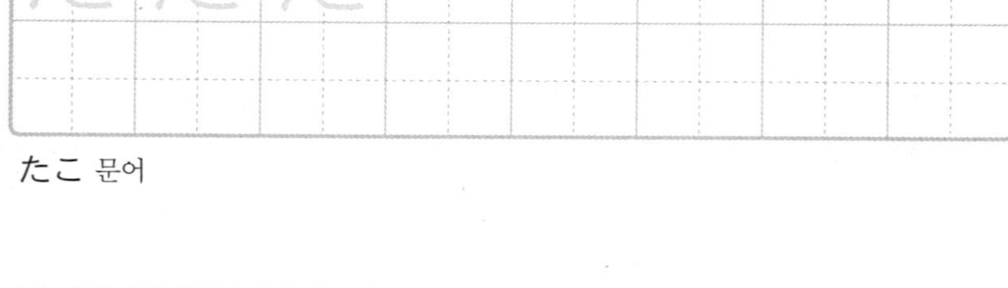

たこ 문어

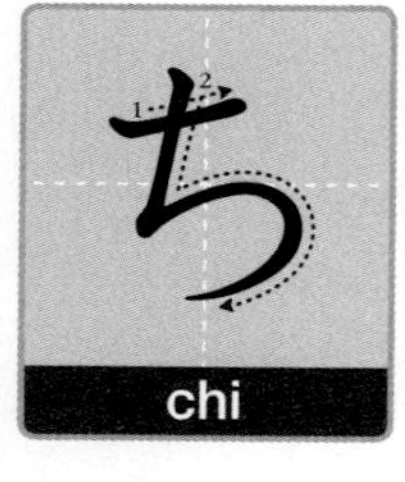

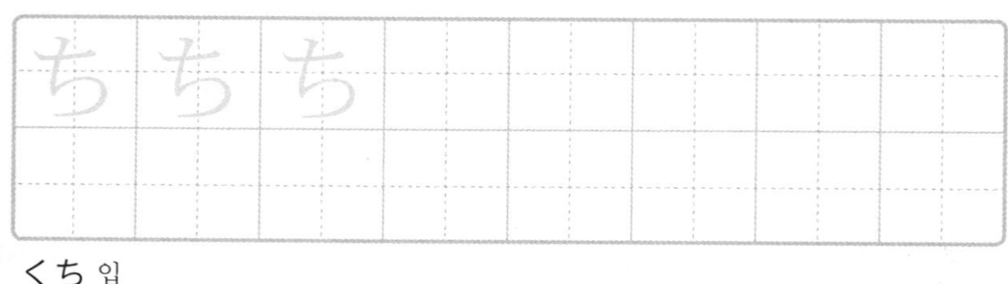

くち 입

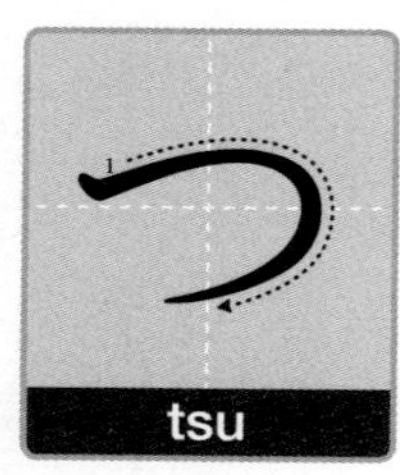

つき 달

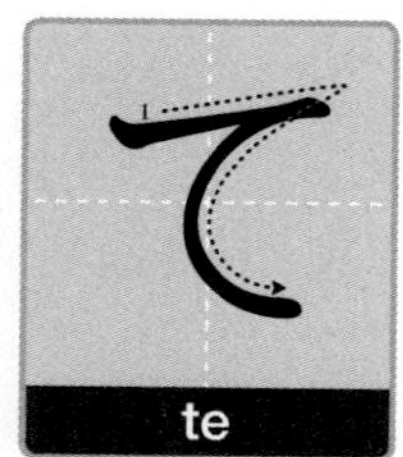

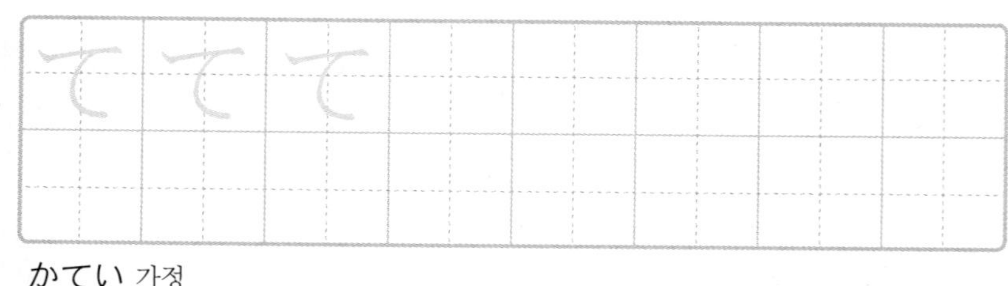

かてい 가정

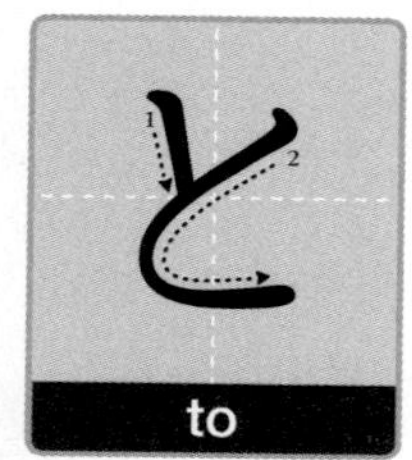

とし 해, 년

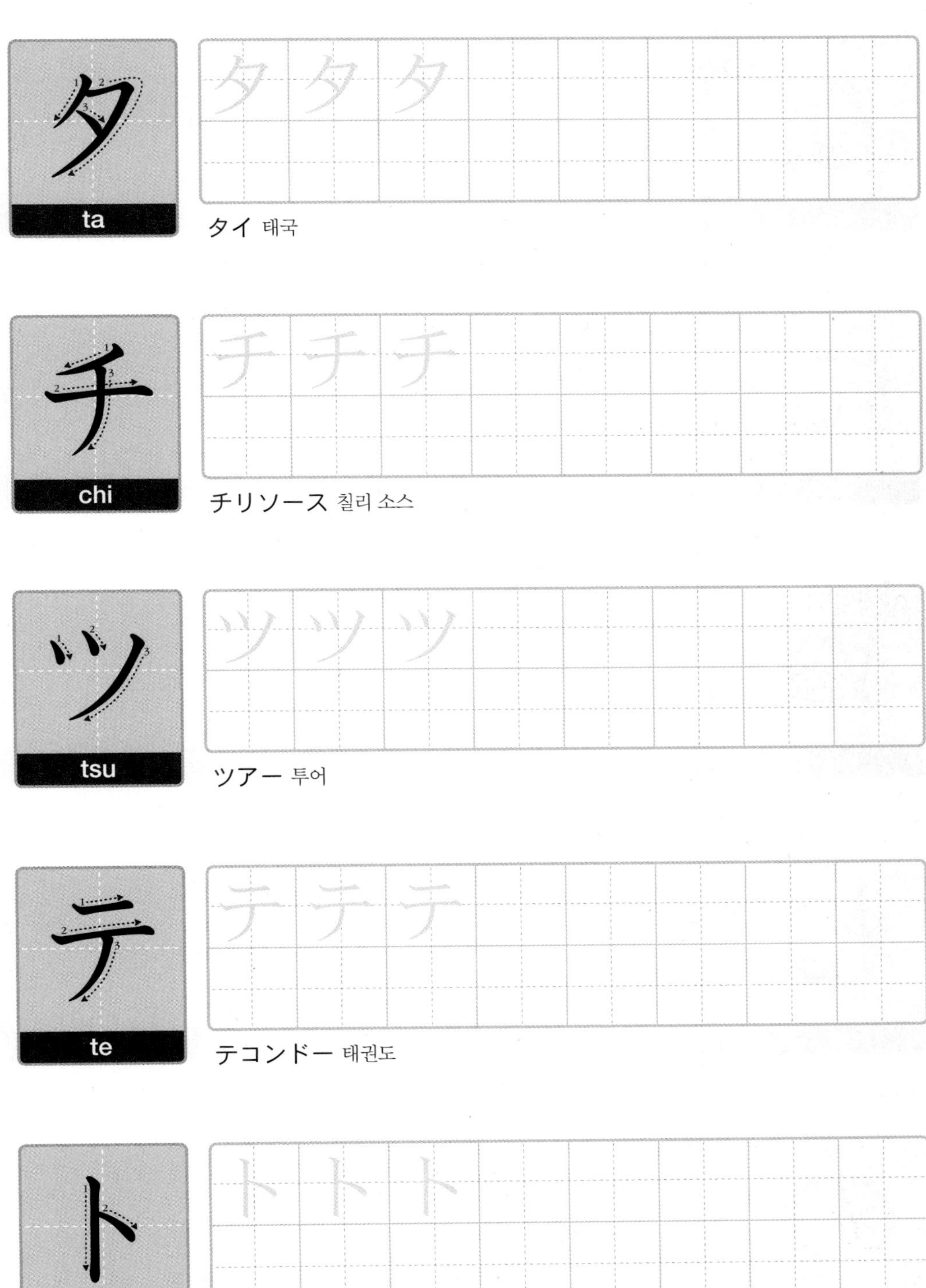

タイ 태국

チリソース 칠리 소스

ツアー 투어

テコンドー 태권도

トイレ 화장실

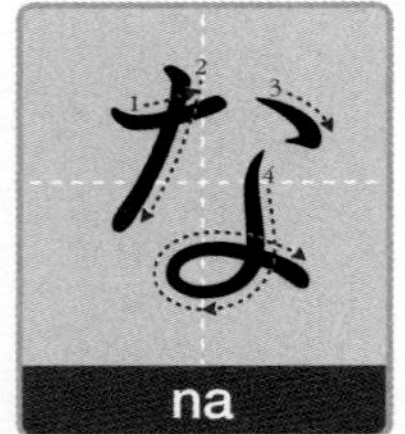

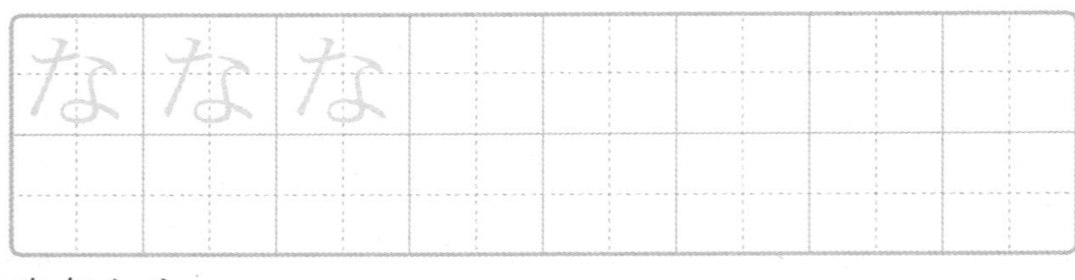

なか 속, 안

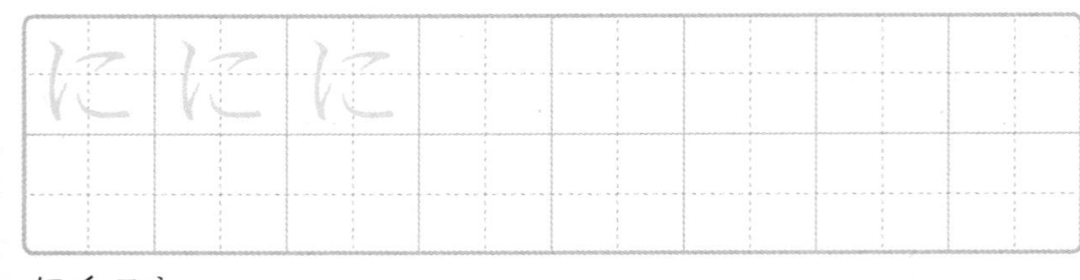

にく 고기

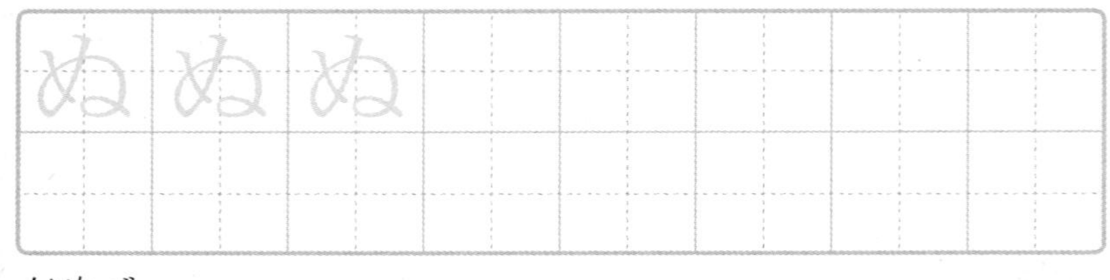

いぬ 개

ね

ne

あね 언니, 누나

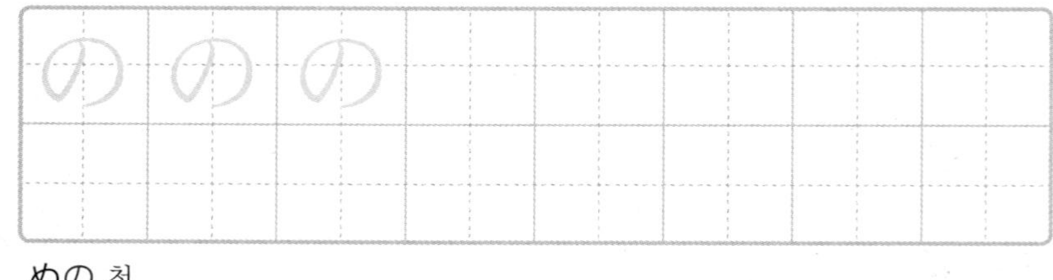

ぬの 천

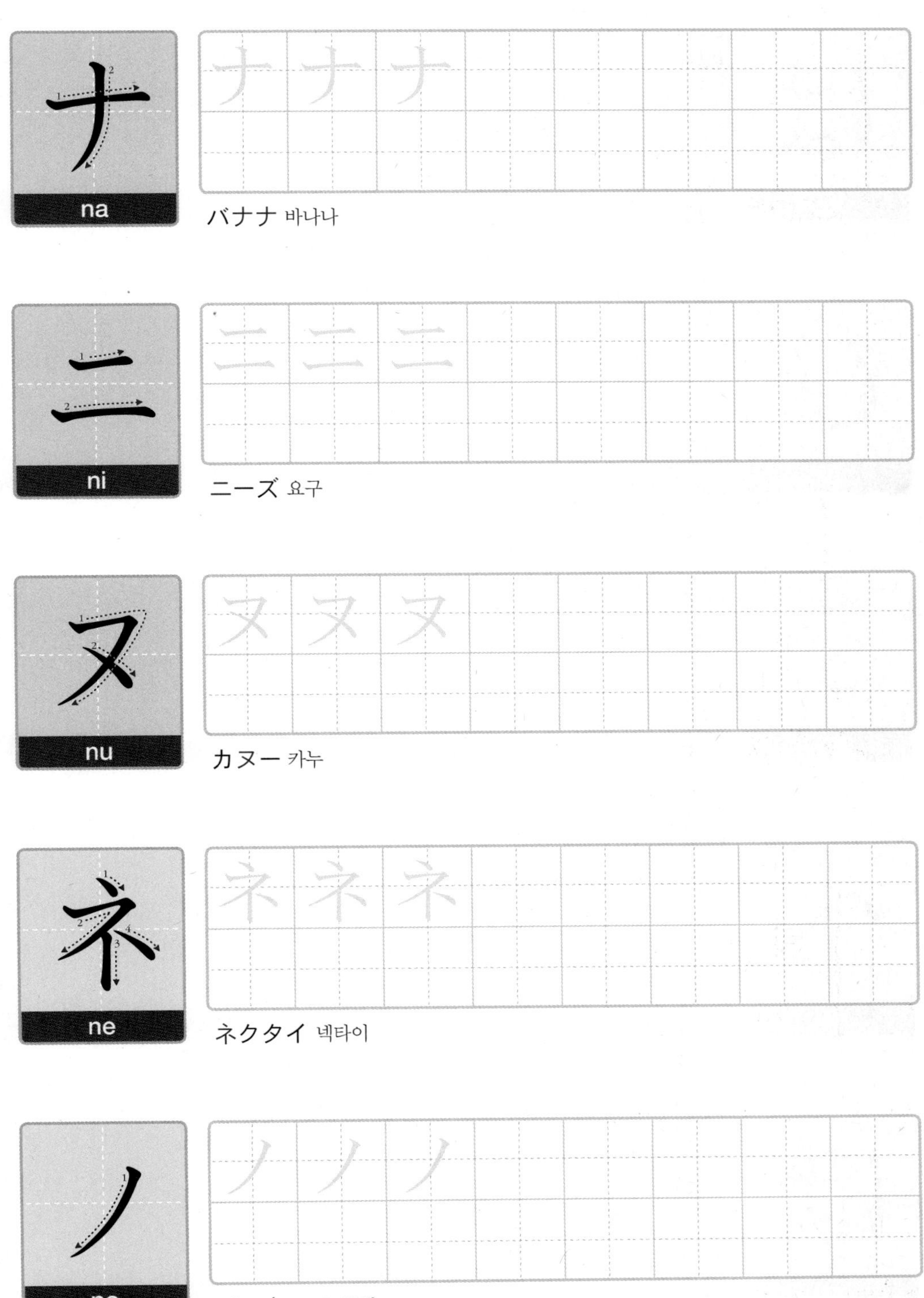

バナナ 바나나

ニーズ 요구

カヌー 카누

ネクタイ 넥타이

ノート 노트, 공책

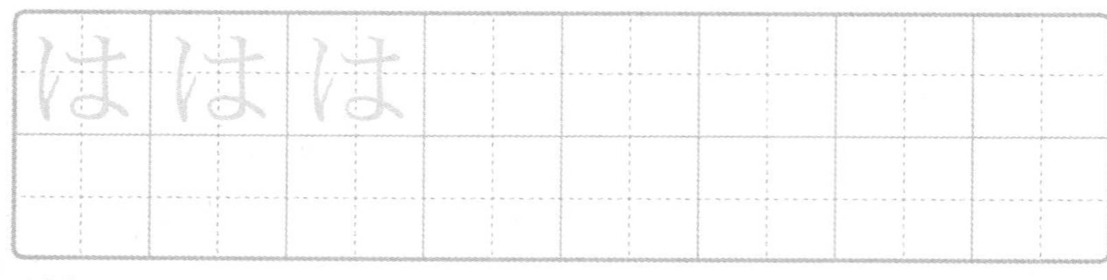

はし 젓가락

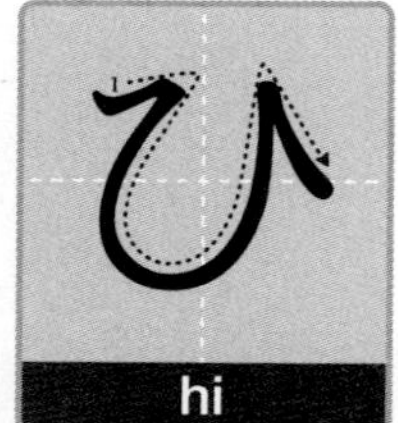

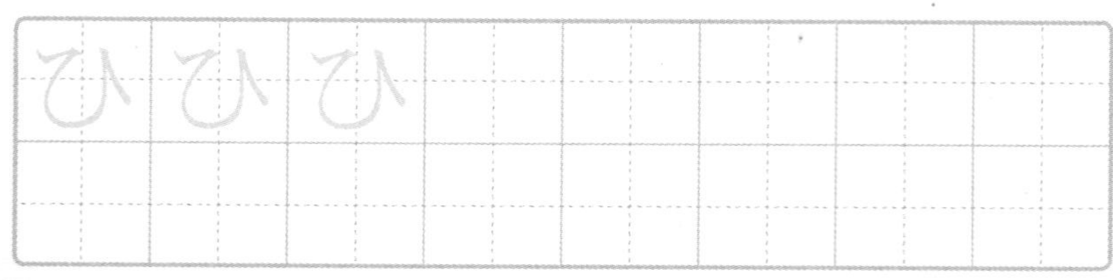

ひこうき 비행기

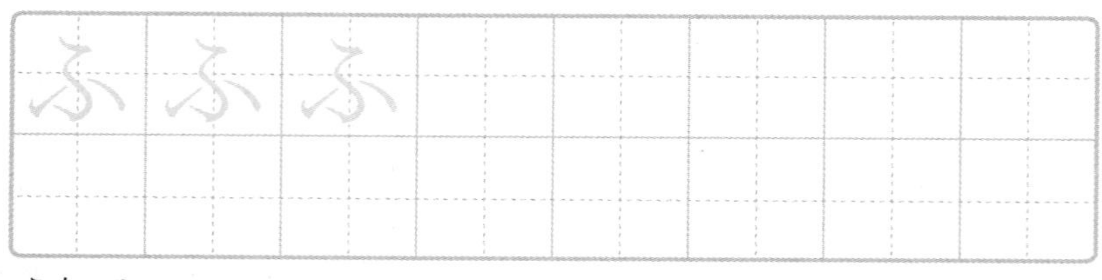

ふね 배

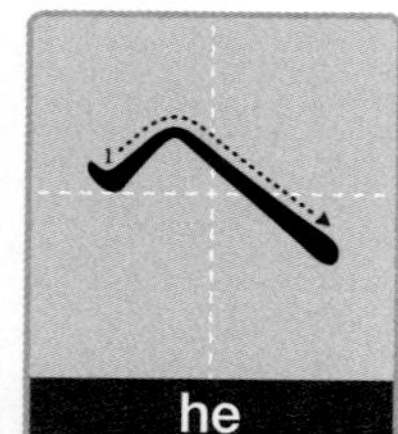

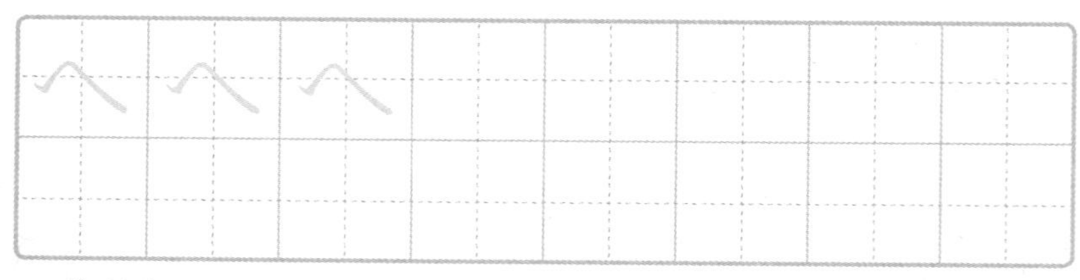

へる 줄다

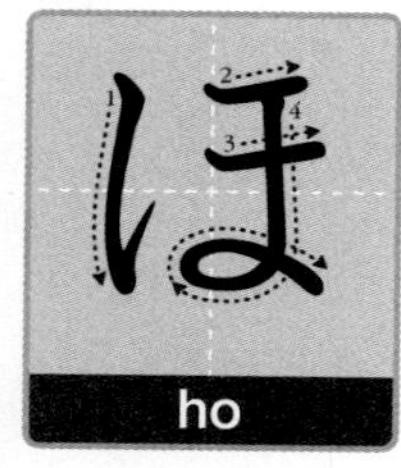

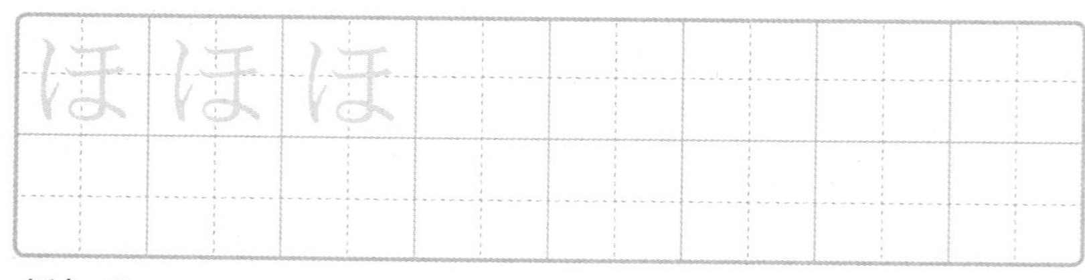

ほし 별

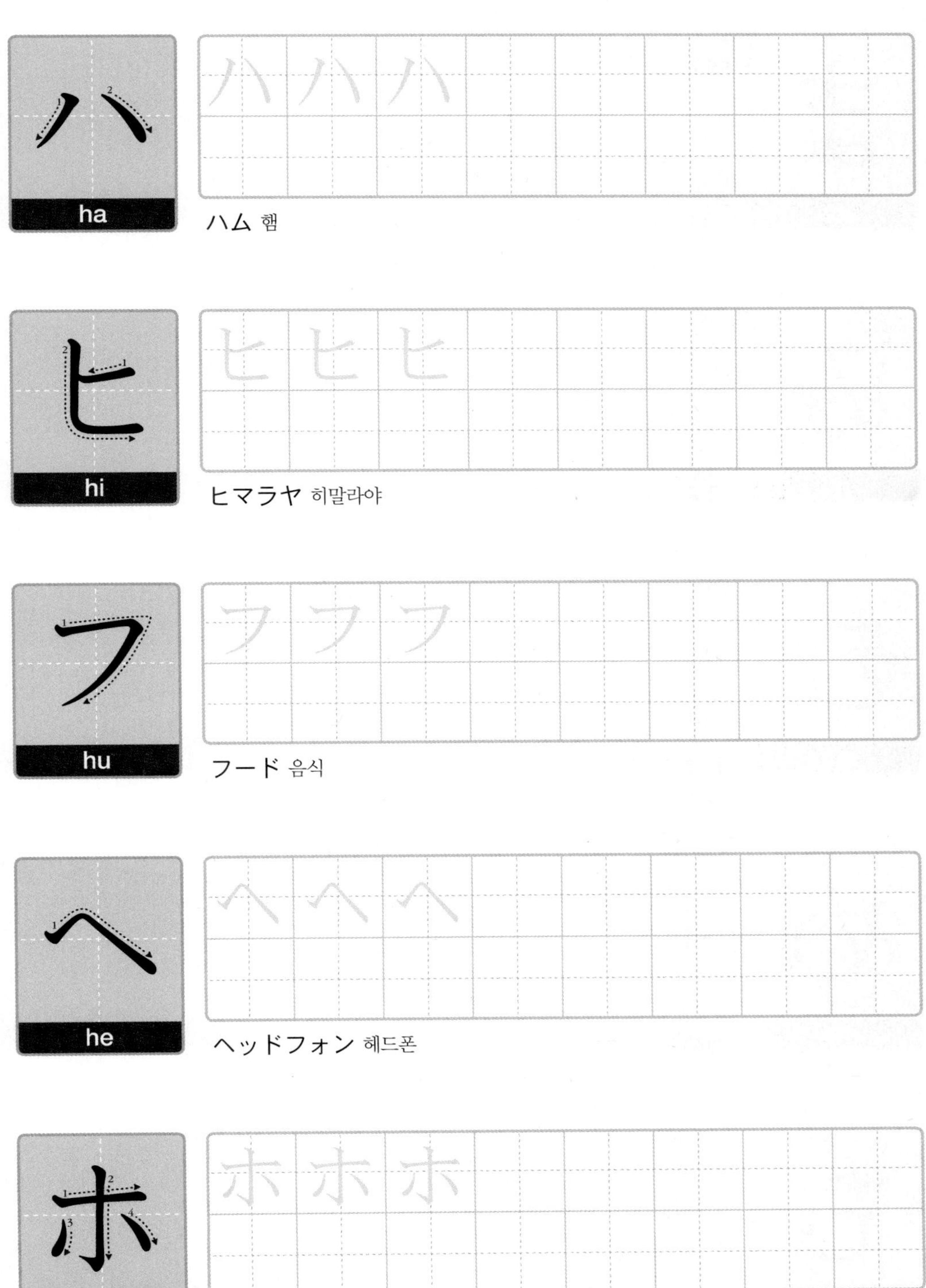

ハム 햄

ヒマラヤ 히말라야

フード 음식

ヘッドフォン 헤드폰

ホームステイ 홈스테이

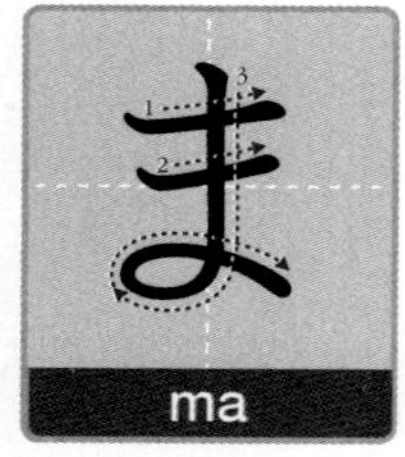

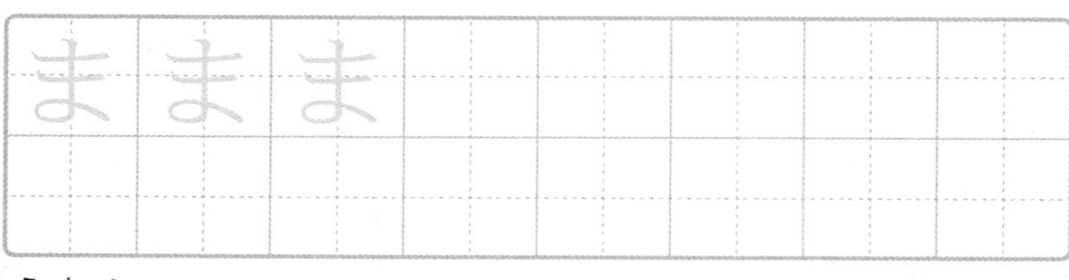

うま 말

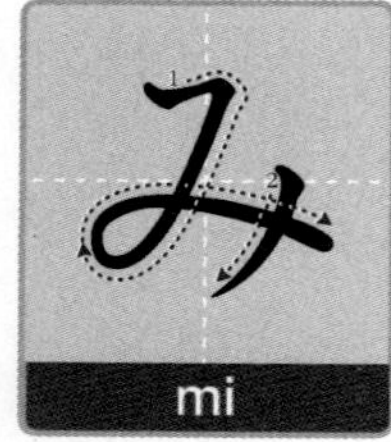

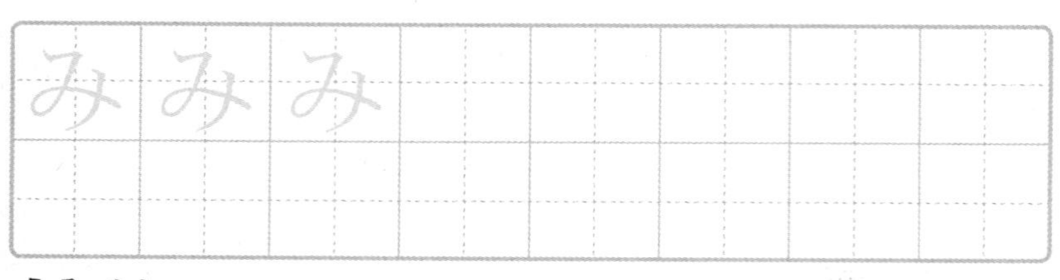

うみ 바다

むすこ 아들

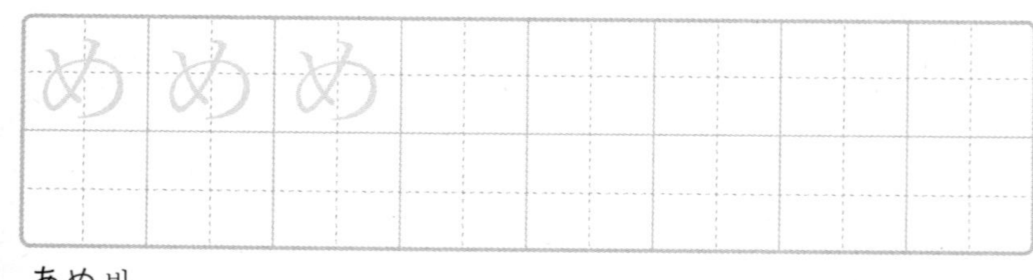

あめ 비

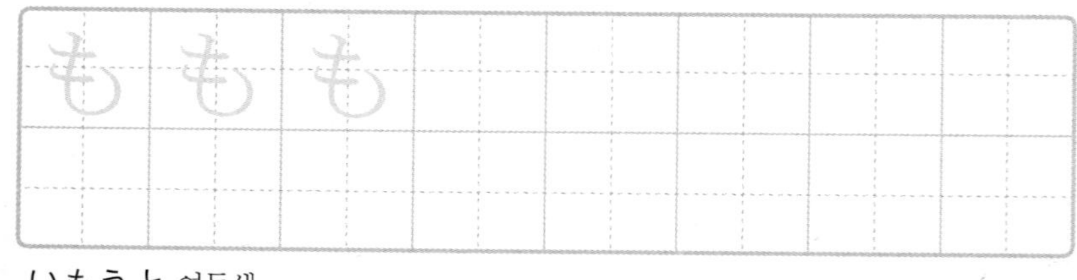

いもうと 여동생

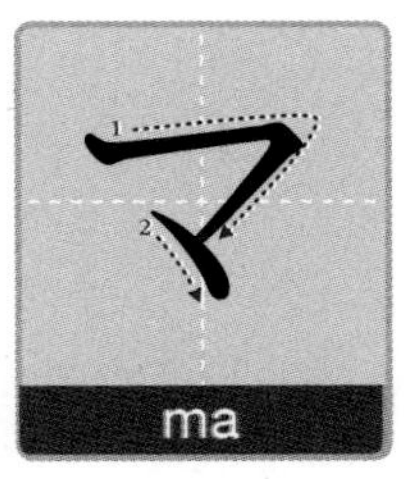

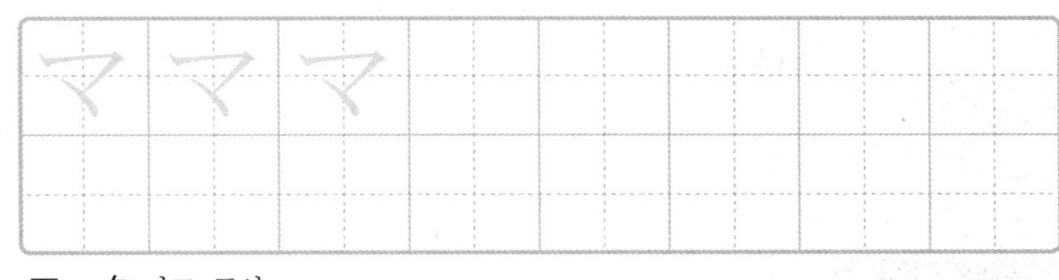

マーク 마크, 표시

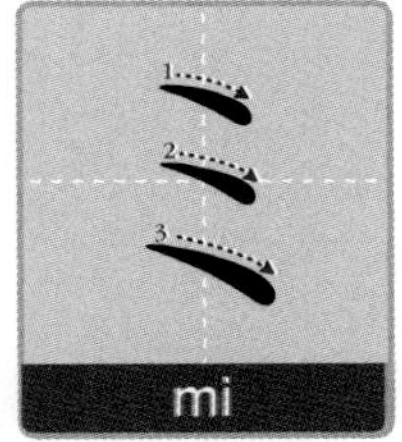

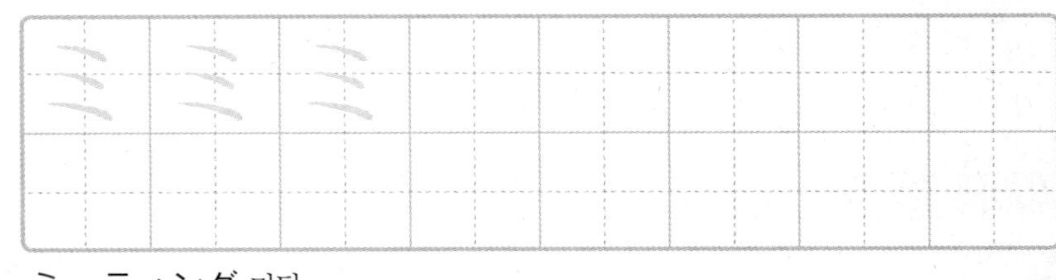

ミーティング 미팅

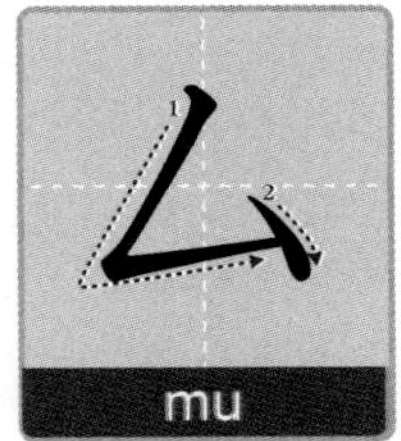

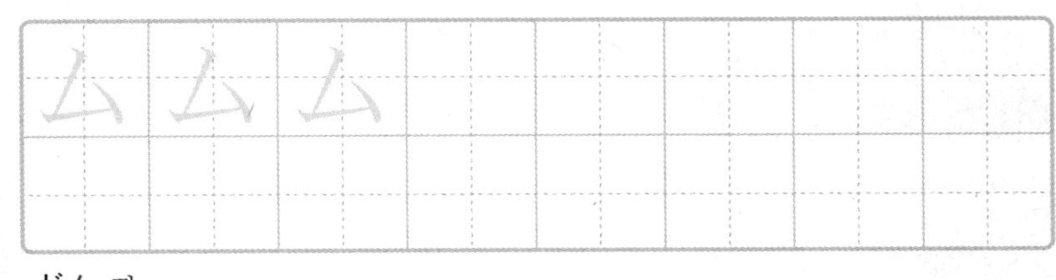

ガム 껌

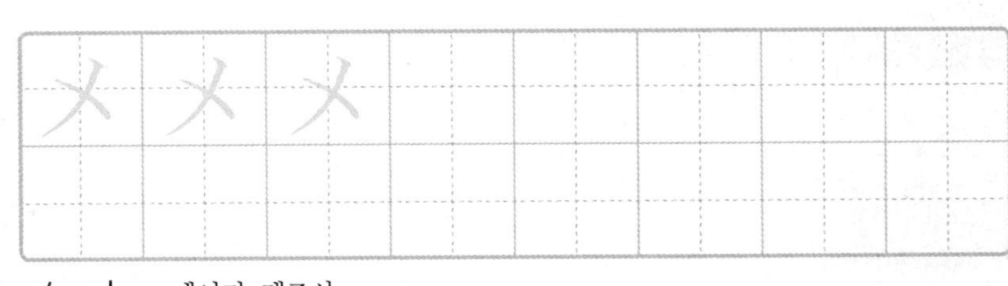

メーカー 메이커, 제조사

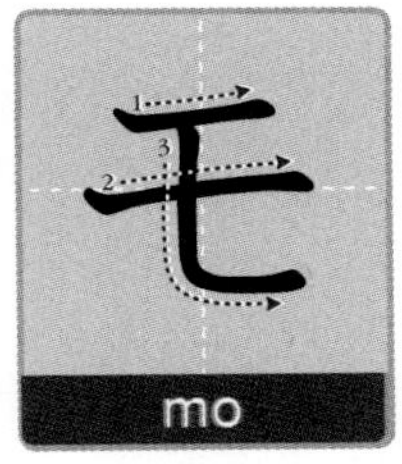

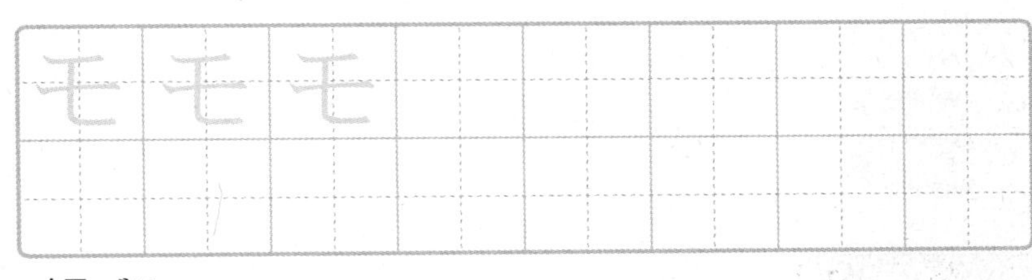

メモ 메모

청음 や 행

ya
やおや 채소 가게
yu
ゆめ 꿈
yo
よむ 읽다
ya
ヤング 영, 젊음
yu
ユーエスビー 유에스비(USB)
yo
ヨーグルト 요구르트

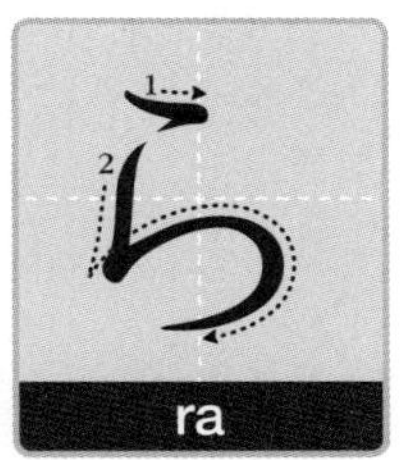

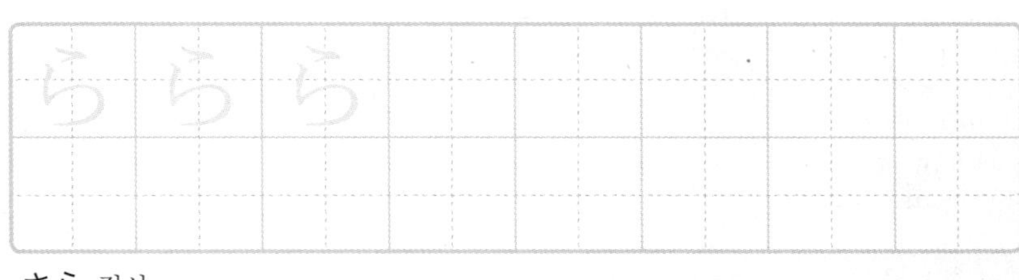

さら 접시

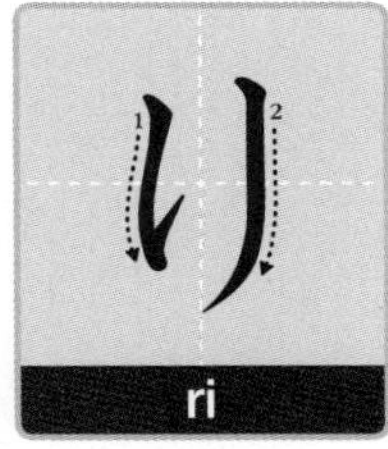

りか 이과

とる 집다, 잡다

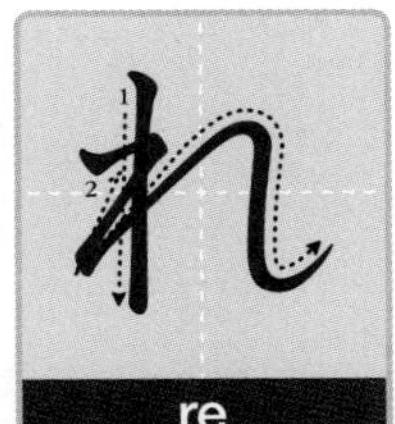

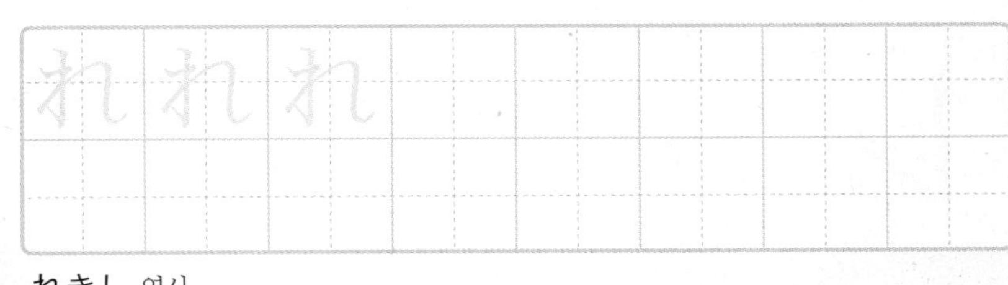

れきし 역사

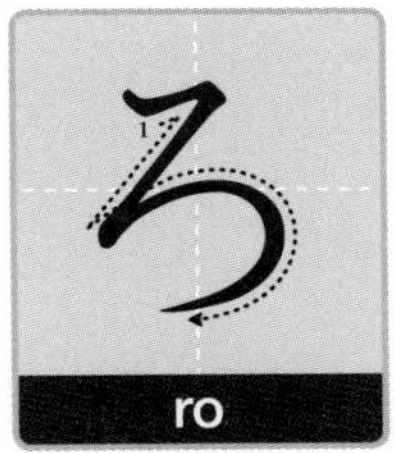

ろうか 복도

청음 ら 행

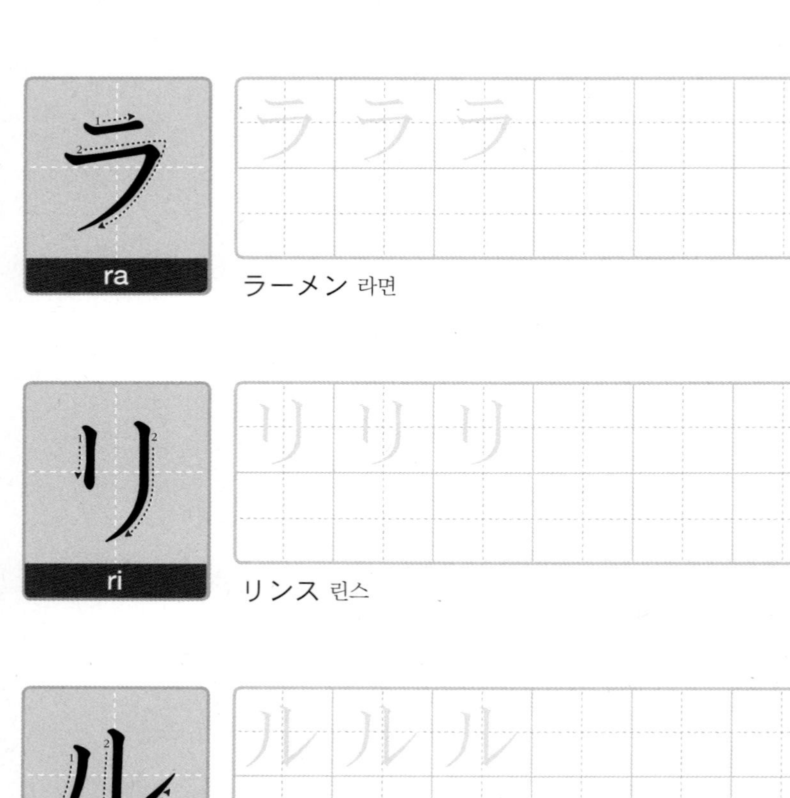

ラーメン 라면

リンス 린스

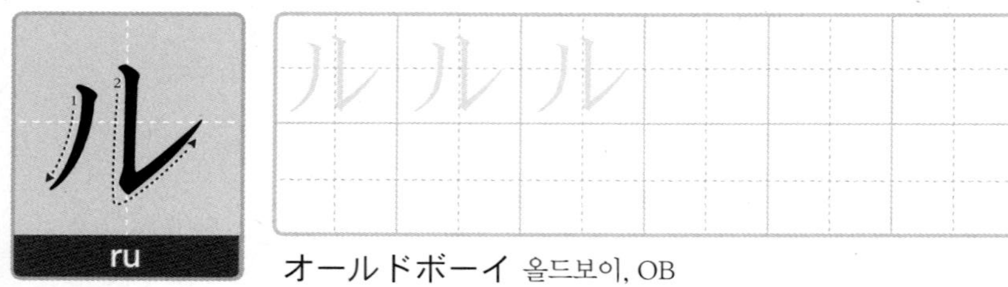

オールドボーイ 올드보이, OB

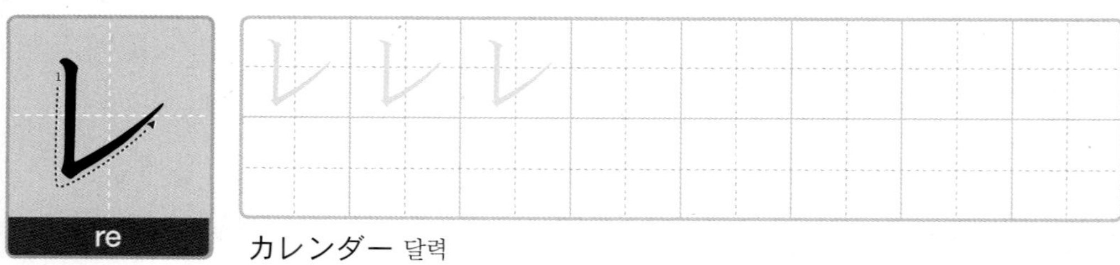

カレンダー 달력

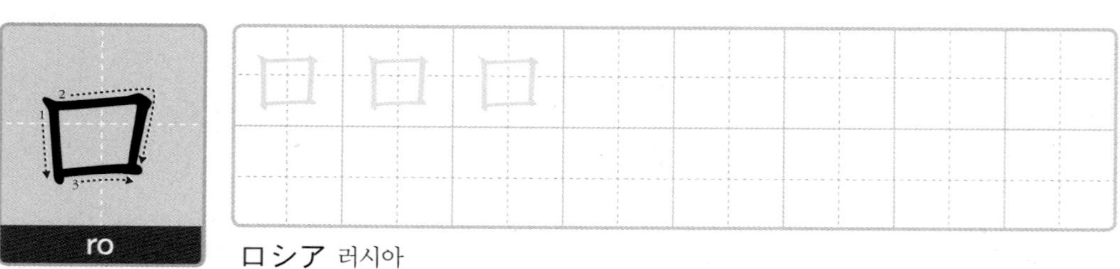

ロシア 러시아

わたし 나, 저

ほんをよむ 책을 읽다

みかん 귤

ワッフル 와플

プリン 푸딩

2. 탁음·반탁음

がっこう 학교

かぎ 열쇠

ぐ

gu

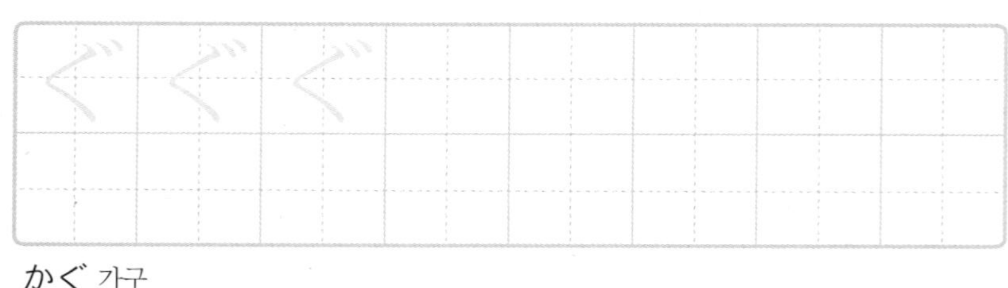

かぐ 가구

かげ 그림자

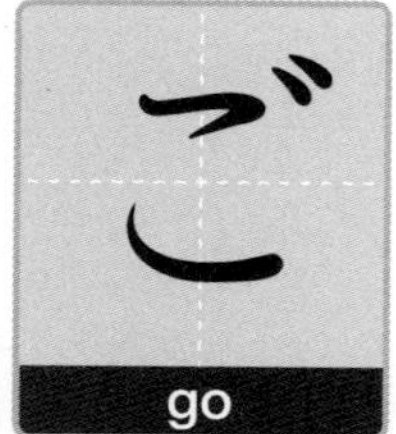

かご 바구니

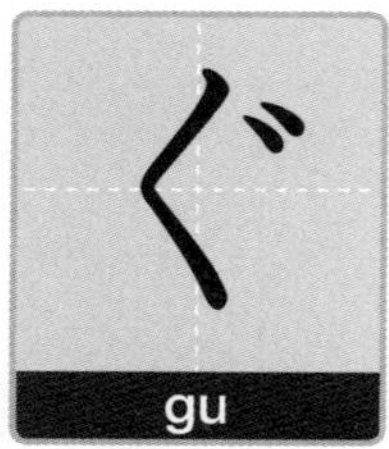

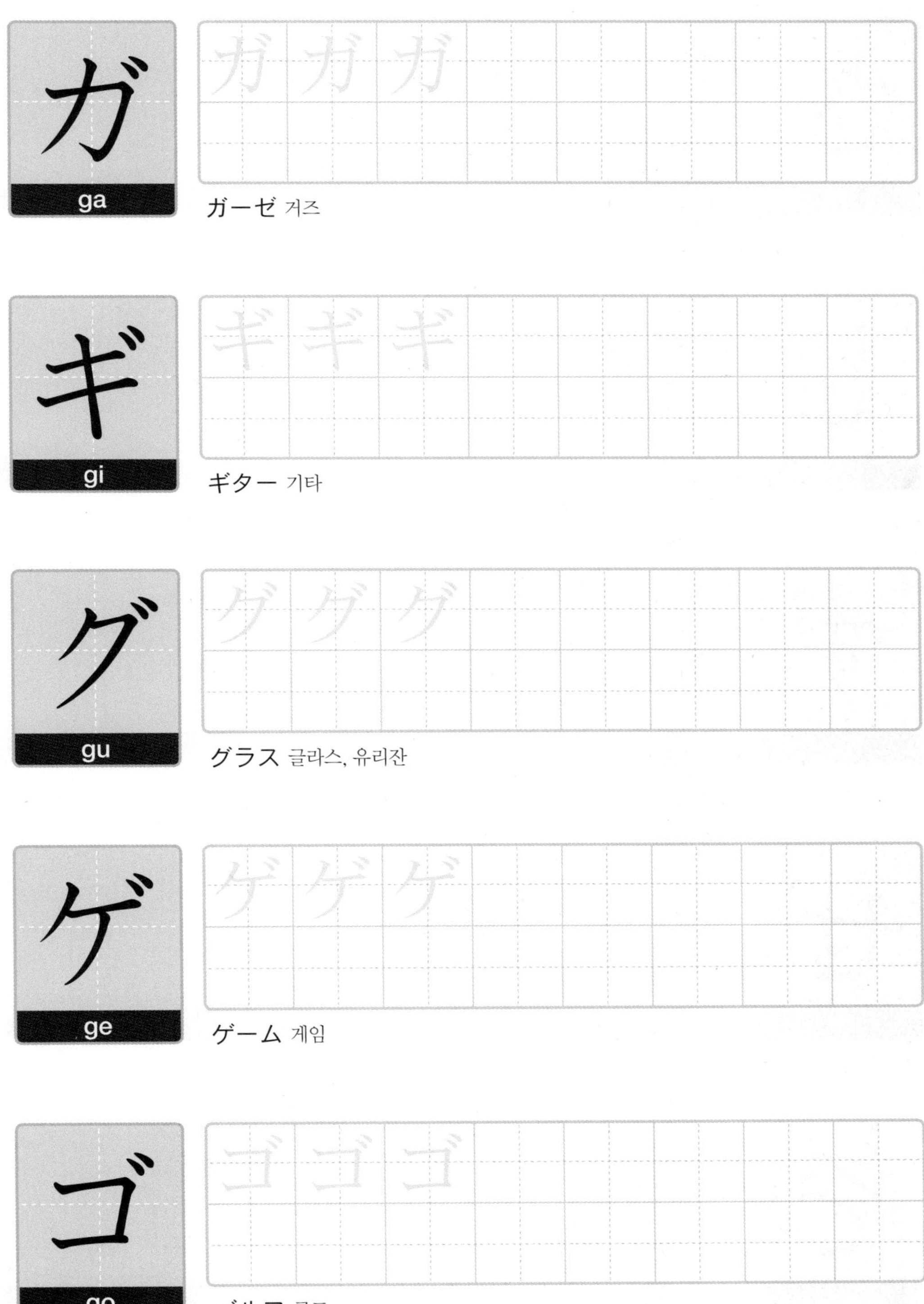
ガ
ga
ガーゼ 거즈
ギ
gi
ギター 기타
グ
gu
グラス 글라스, 유리잔
ゲ
ge
ゲーム 게임
ゴ
go
ゴルフ 골프

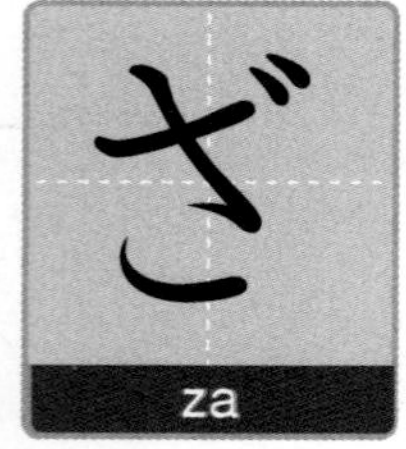

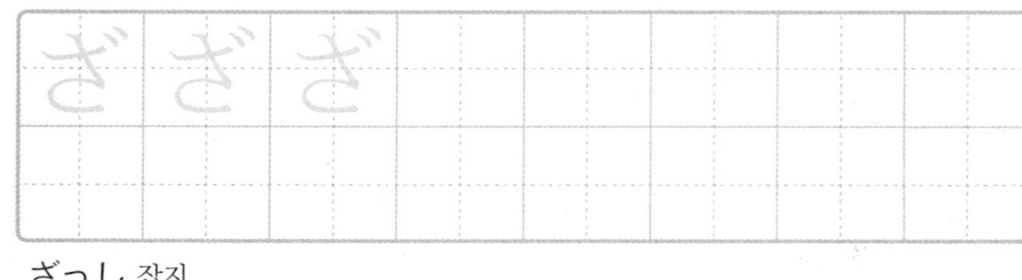

ざっし 잡지

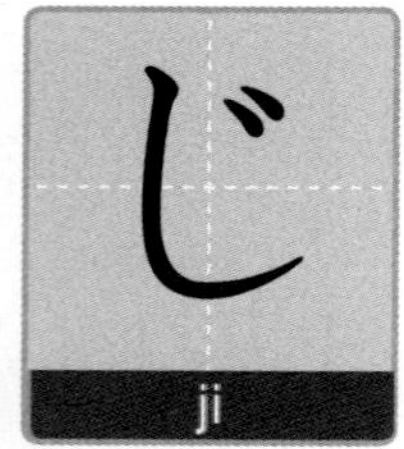

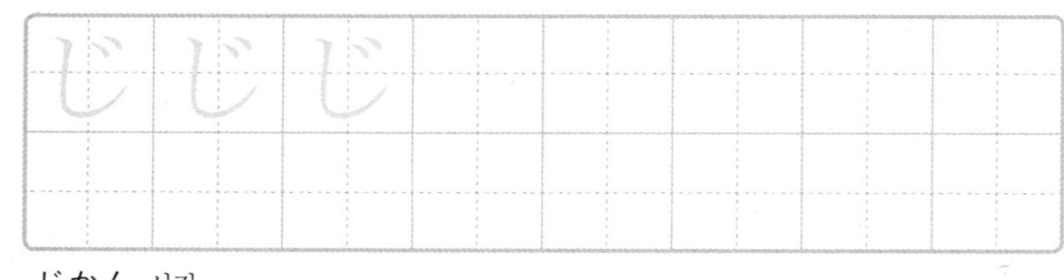

じかん 시간

ず
zu

ちず 지도

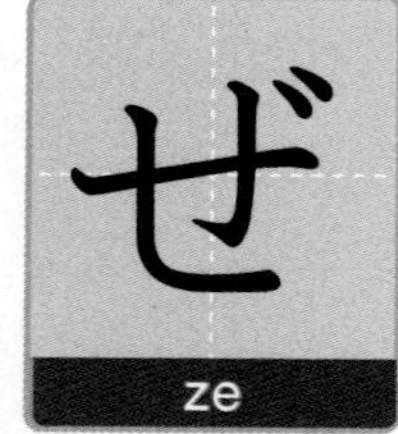

かぜ 바람

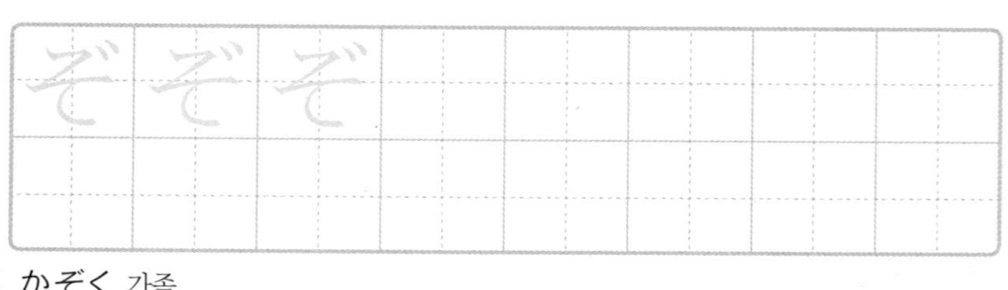

かぞく 가족

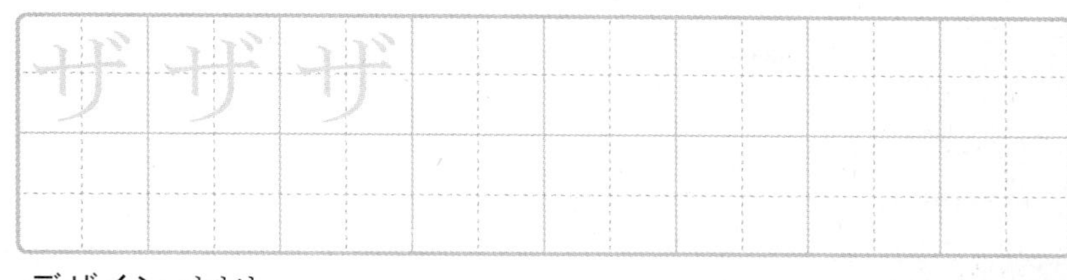

デザイン 디자인

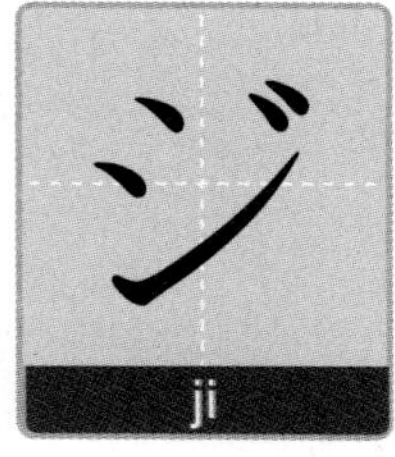

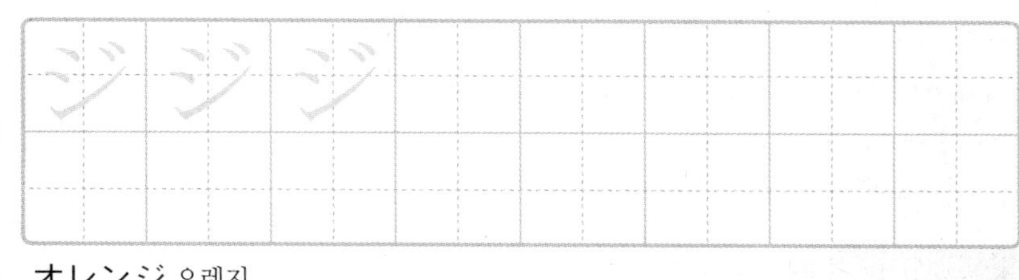

オレンジ 오렌지

チーズ 치즈

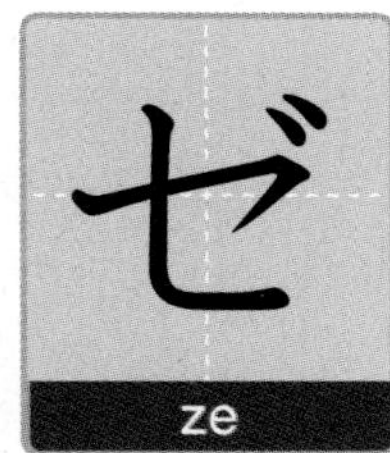

ゼミ 세미나

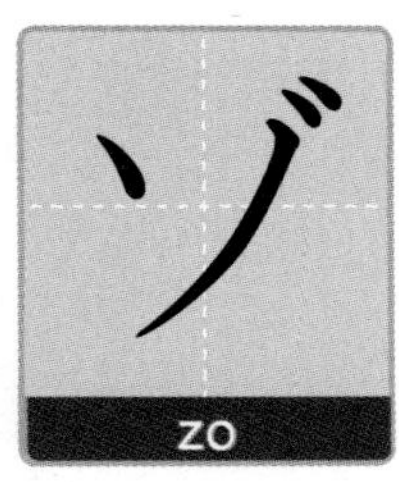

ゾーン 지역, 범위

だいがく 대학교

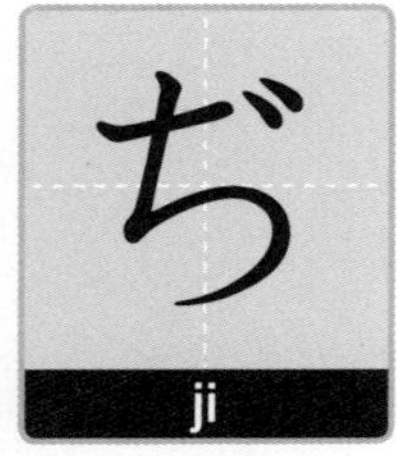

ちぢむ 줄다

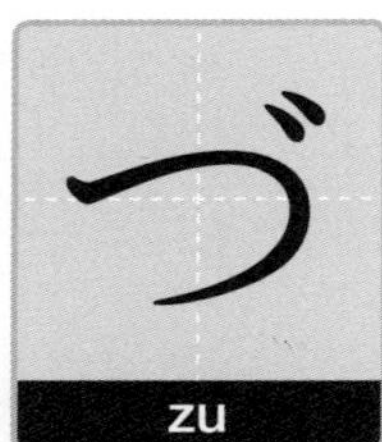

つづく 계속되다

でぐち 출구

かど 모퉁이

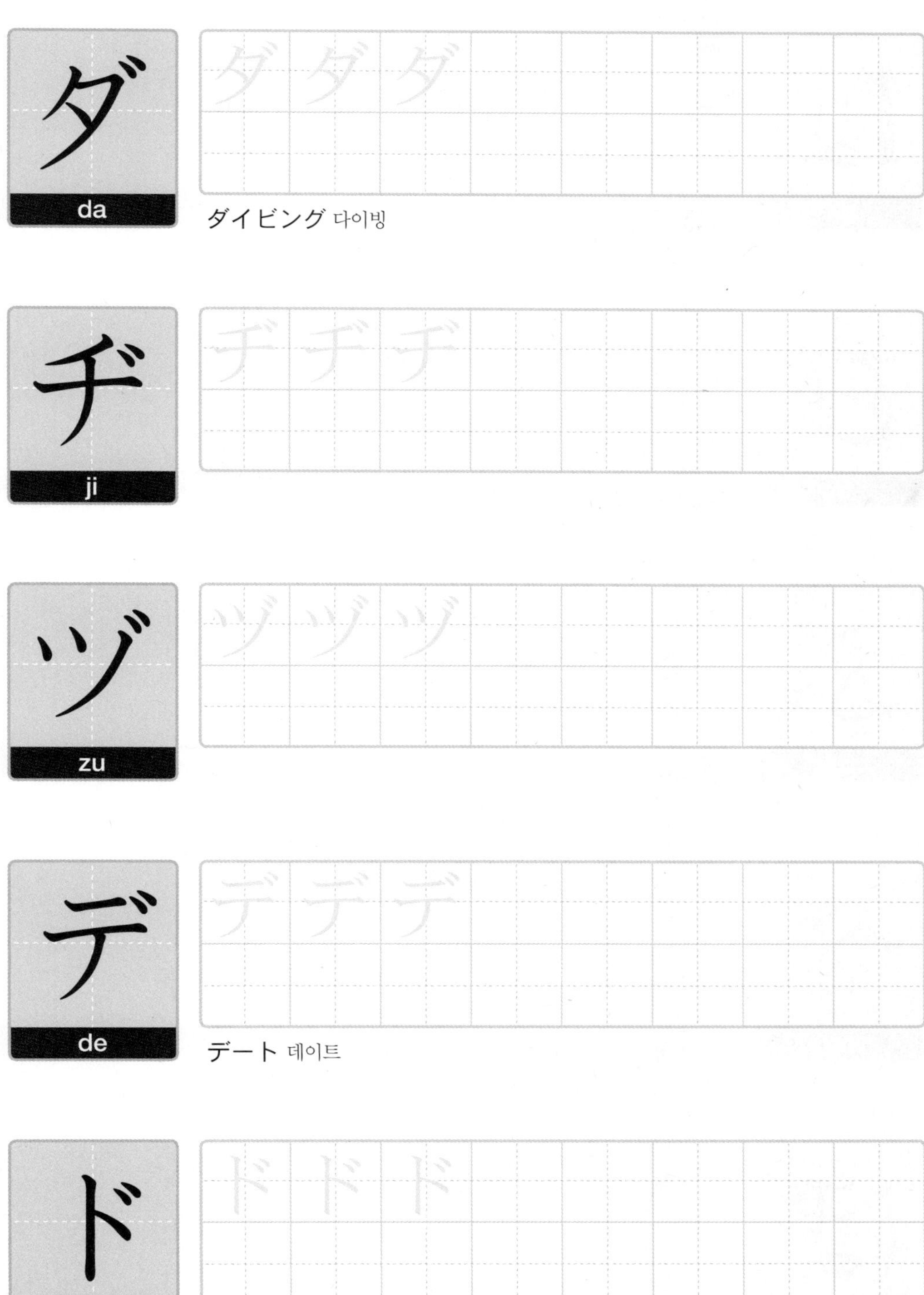
ダ
da
ダイビング 다이빙
ヂ
ji
ヅ
zu
デ
de
デート 데이트
ド
do
ドイツ 독일

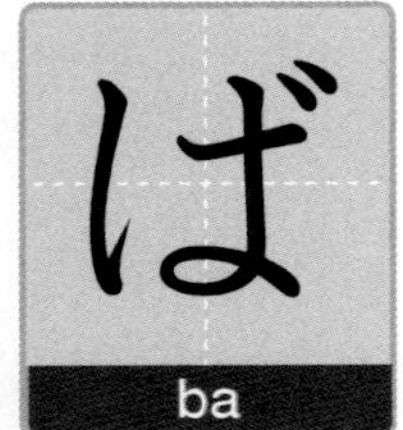

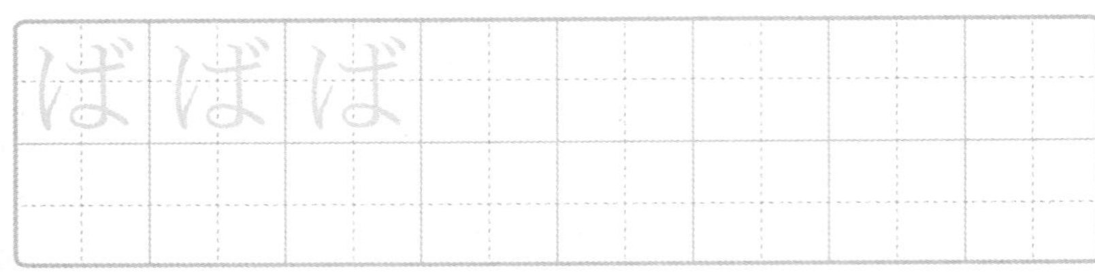

かばん 가방

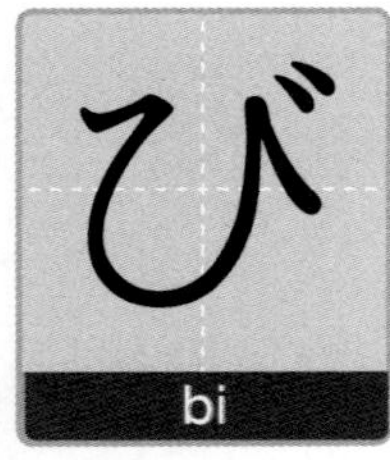

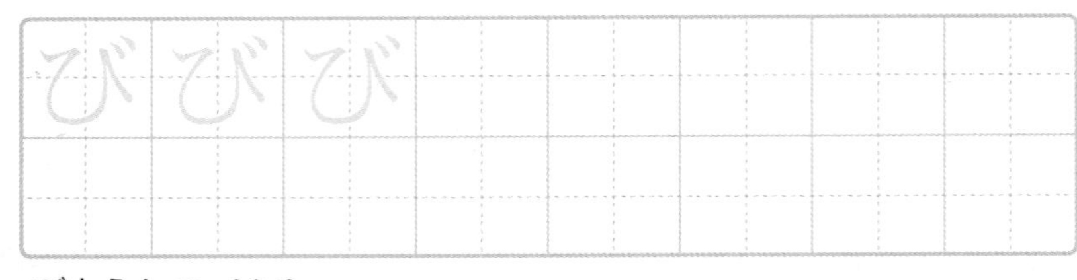

びようしつ 미용실

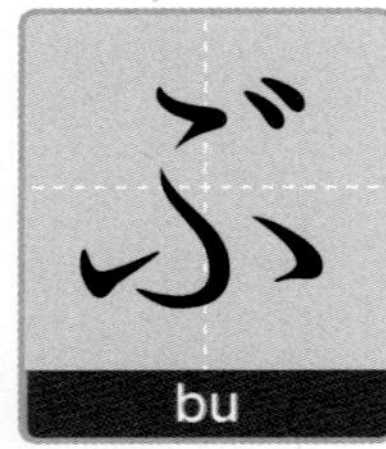

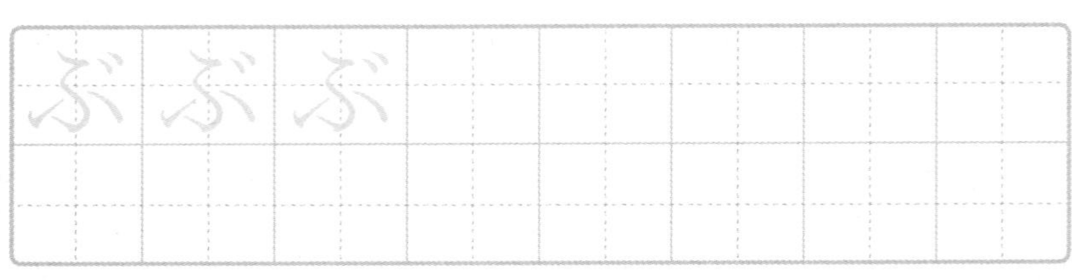

どうぶつ 동물

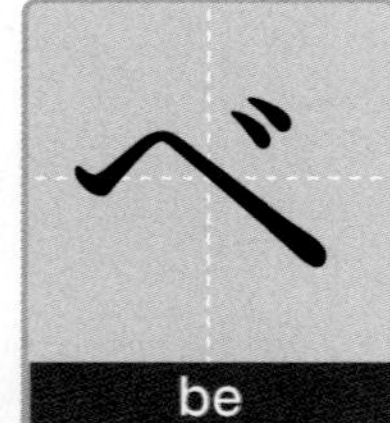

かべ 벽

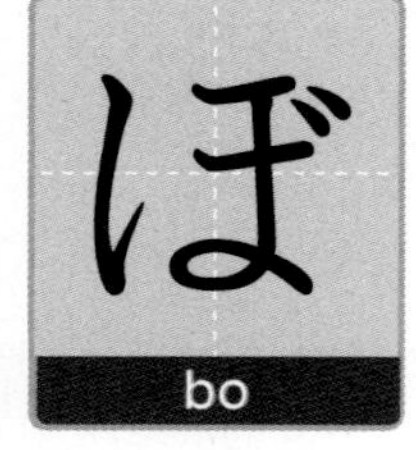

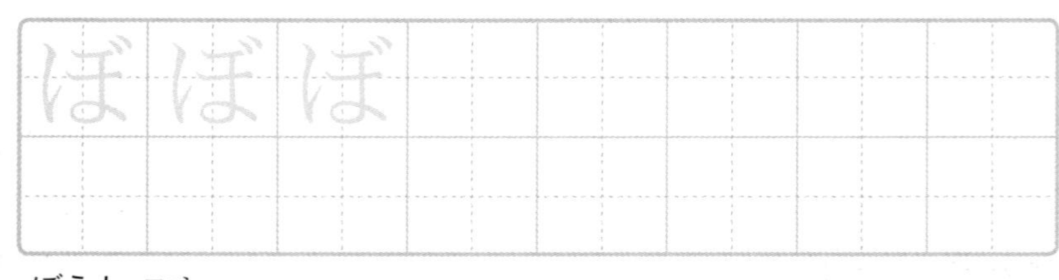

ぼうし 모자

バランス 밸런스, 균형

ビタミン 비타민

ブック 북, 책

ベーコン 베이컨

ボート 보트

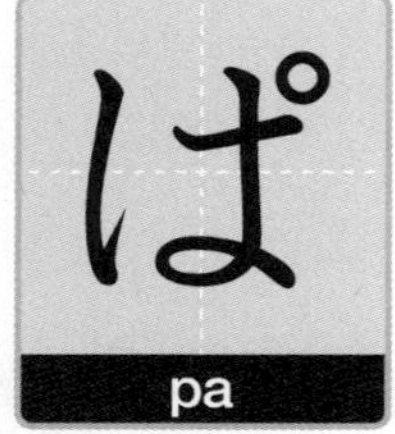

いっぱい 한 잔, 많이

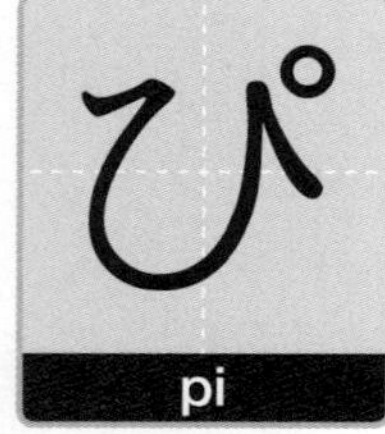

ぴったり 딱 맞음

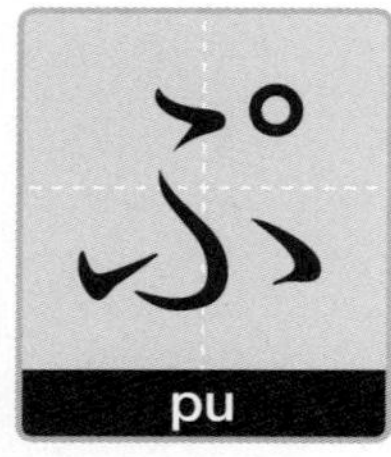

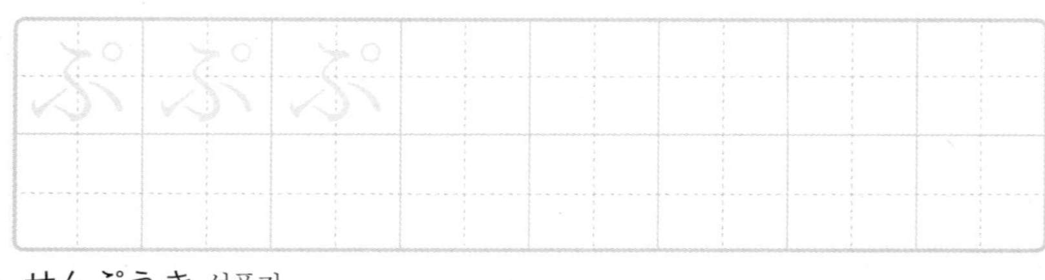

せんぷうき 선풍기

ぺ

pe

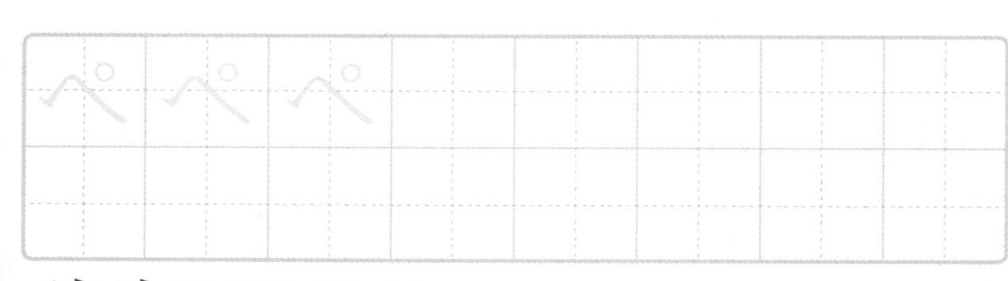

ぺらぺら 말을 잘 하는 모습, 술술

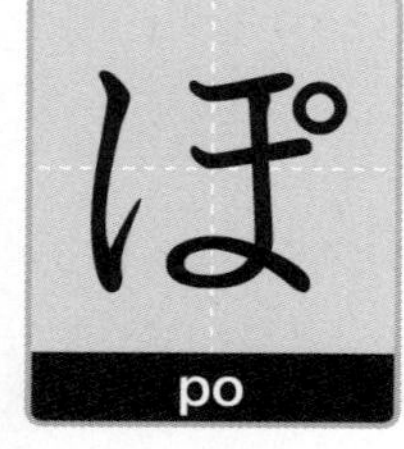

いっぽん 한 자루

パパ 아빠

ピザ 피자

プリンター 프린터

ペット 애완동물

ポスト 우체통

3. 요음

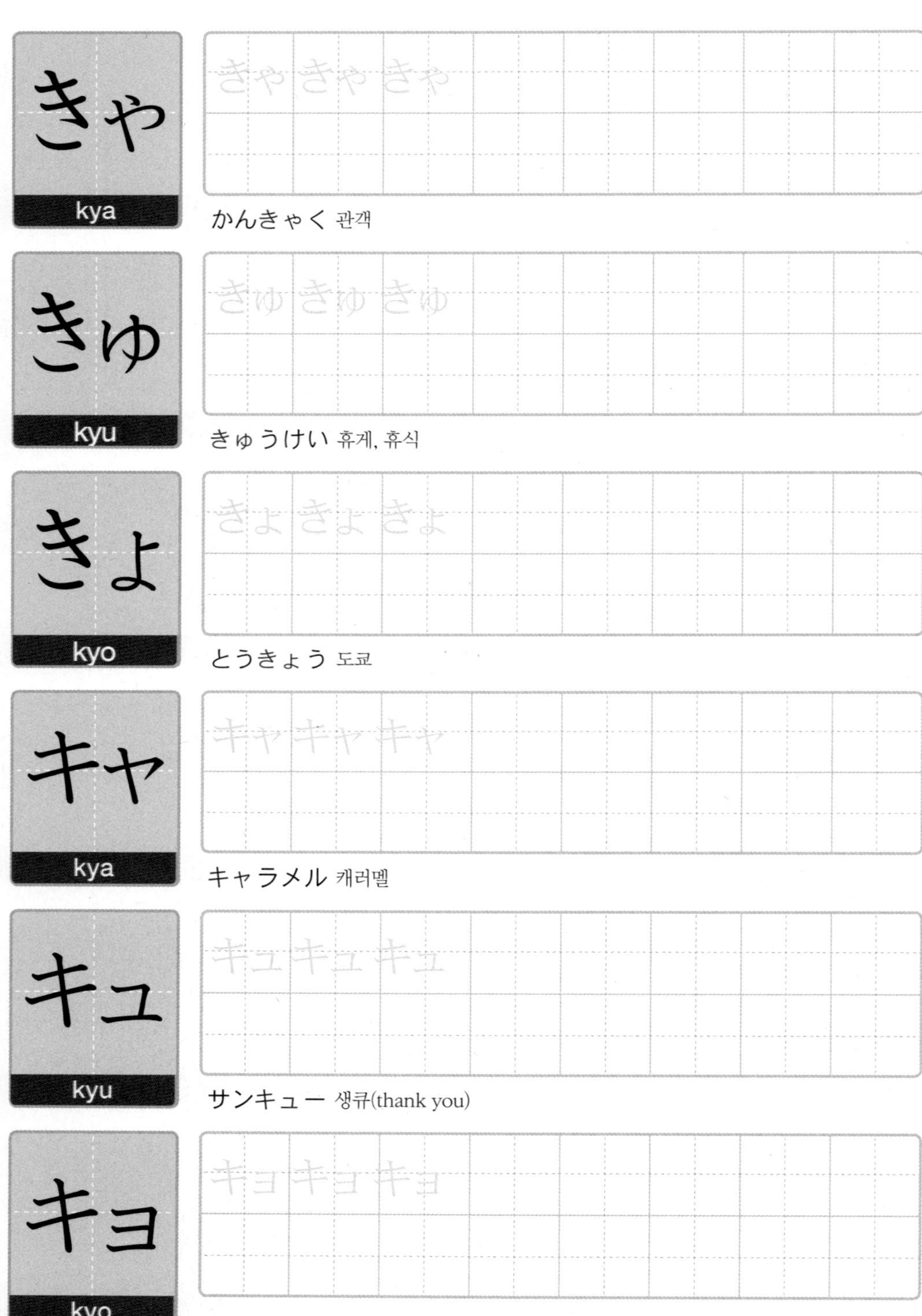

きゃ
kya
かんきゃく 관객
きゅ
kyu
きゅうけい 휴게, 휴식
きょ
kyo
とうきょう 도쿄
キャ
kya
キャラメル 캐러멜
キュ
kyu
サンキュー 생큐(thank you)
キョ
kyo

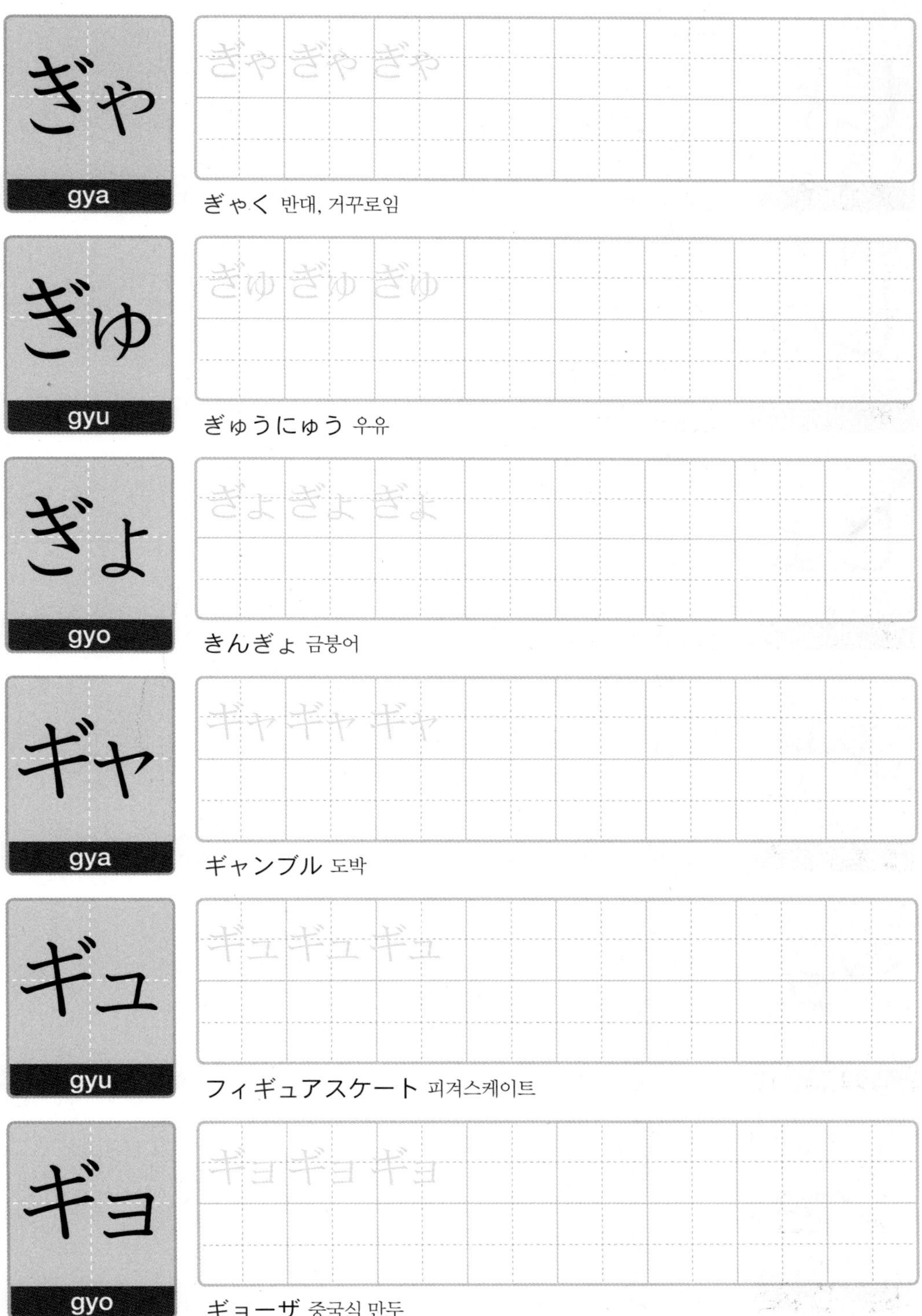
ぎゃ
gya
ぎゃ ぎゃ ぎゃ
ぎゃく 반대, 거꾸로임
ぎゅ
gyu
ぎゅ ぎゅ ぎゅ
ぎゅうにゅう 우유
ぎょ
gyo
ぎょ ぎょ ぎょ
きんぎょ 금붕어
ギャ
gya
ギャ ギャ ギャ
ギャンブル 도박
ギュ
gyu
ギュ ギュ ギュ
フィギュアスケート 피겨스케이트
ギョ
gyo
ギョ ギョ ギョ
ギョーザ 중국식 만두

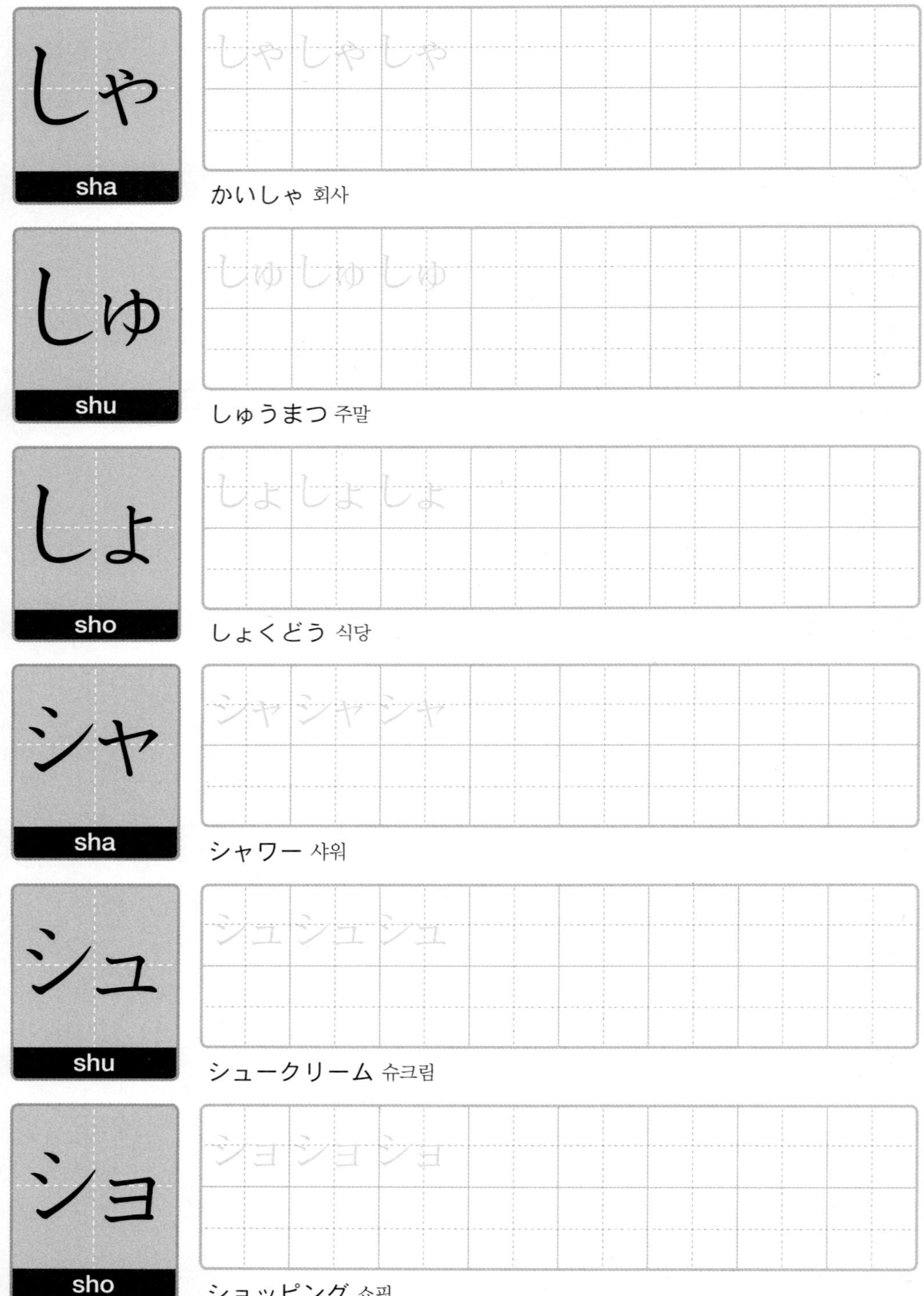

かいしゃ 회사

しゅうまつ 주말

しょくどう 식당

シャワー 샤워

シュークリーム 슈크림

ショッピング 쇼핑

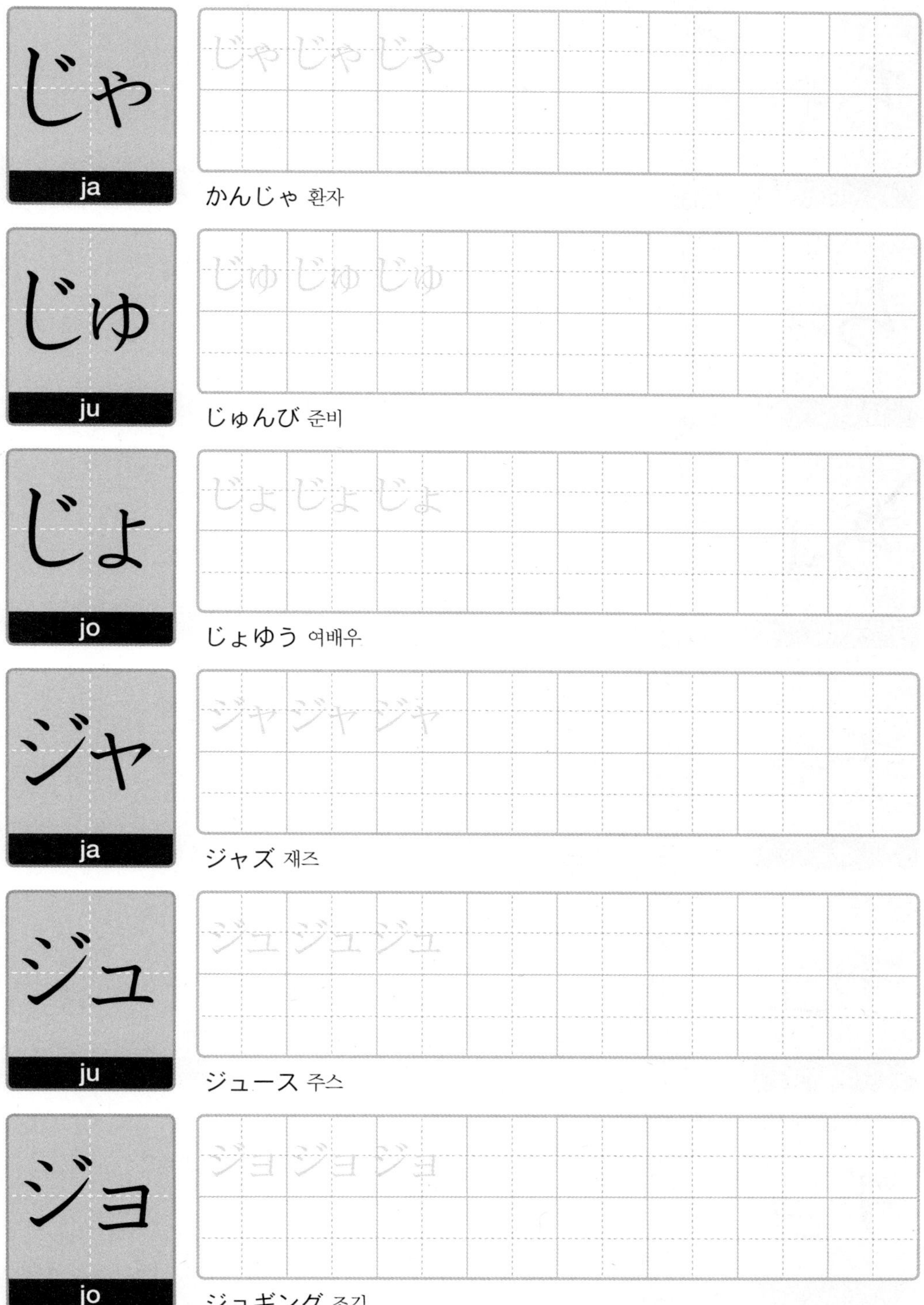
じゃ
ja
じゃじゃじゃ
かんじゃ 환자
じゅ
ju
じゅじゅじゅ
じゅんび 준비
じょ
jo
じょじょじょ
じょゆう 여배우
ジャ
ja
ジャジャジャ
ジャズ 재즈
ジュ
ju
ジュジュジュ
ジュース 주스
ジョ
jo
ジョジョジョ
ジョギング 조깅

요음 た 행

ちゃ
cha
ちゃちゃちゃ
にほんちゃ 일본차
ちゅ
chu
ちゅちゅちゅ
ちゅうい 주의
ちょ
cho
ちょちょちょ
かちょう 과장님
チャ
cha
チャチャチャ
チャーハン 볶음밥
チュ
chu
チュチュチュ
チューインガム 츄잉껌
チョ
cho
チョチョチョ
チョコレート 초콜릿

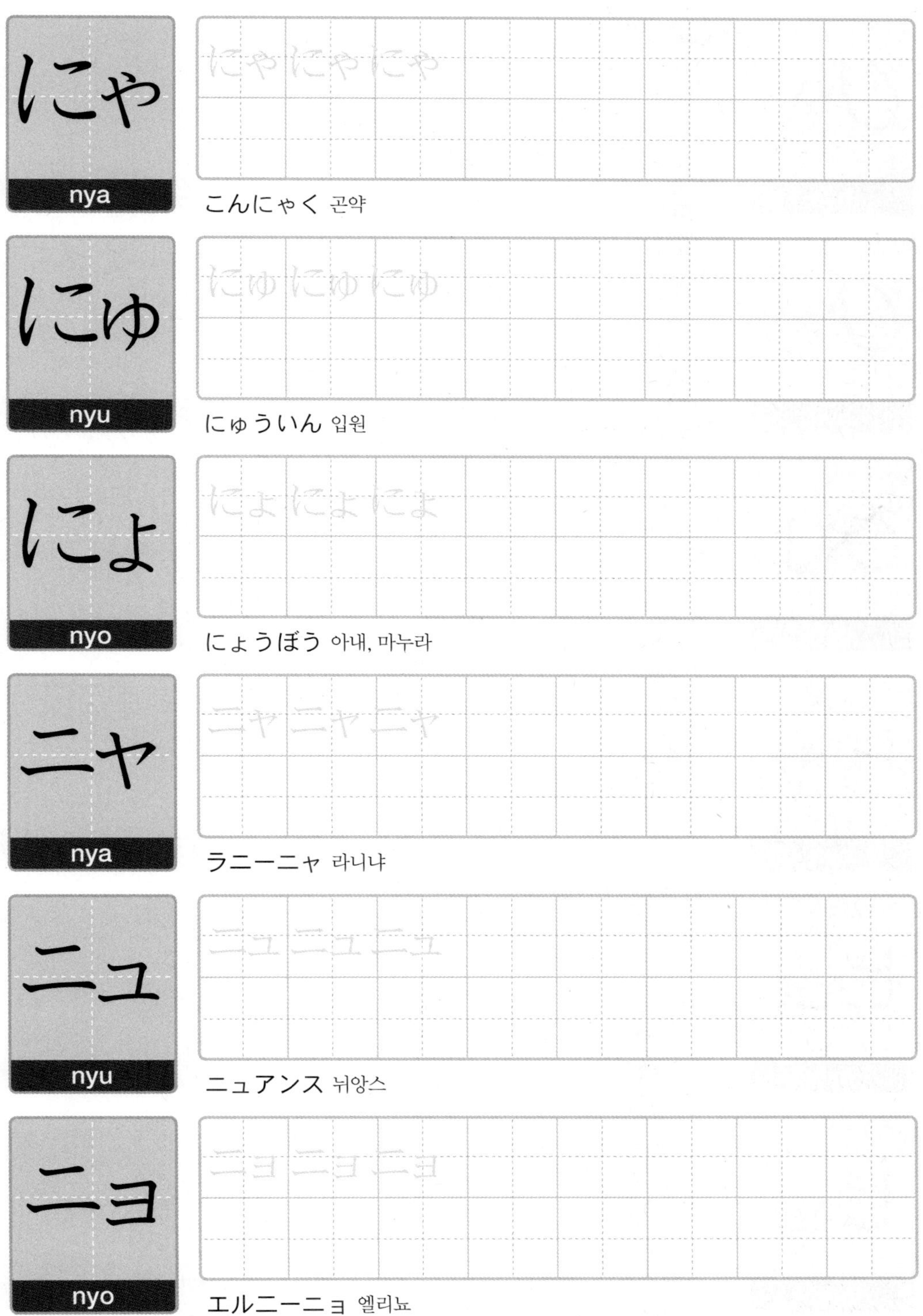

こんにゃく 곤약

にゅういん 입원

にょうぼう 아내, 마누라

ラニーニャ 라니냐

ニュアンス 뉘앙스

エルニーニョ 엘리뇨

요음 は 행

ひゃく 백(100)

ひゅうひゅう 바람이 심하게 부는 소리

ひょうし 표지

ヒューストン 휴스턴

さんびゃく 삼백(300)

びゅんびゅん 기세 좋게 움직이는 모양

かんびょう 간병

ビューティー 뷰티, 아름다움

요음 ぱ 행

ぴゃ
pya
ぴゃ ぴゃ ぴゃ
はっぴゃく 팔백(800)
ぴゅ
pyu
ぴゅ ぴゅ ぴゅ
ぴゅうぴゅう 바람이 날카롭게 부는 모양
ぴょ
pyo
ぴょ ぴょ ぴょ
ぴょんぴょん 깡충깡충
ピャ
pya
ピャ ピャ ピャ
ピュ
pyu
ピュ ピュ ピュ
コンピュータ 컴퓨터
ピョ
pyo
ピョ ピョ ピョ

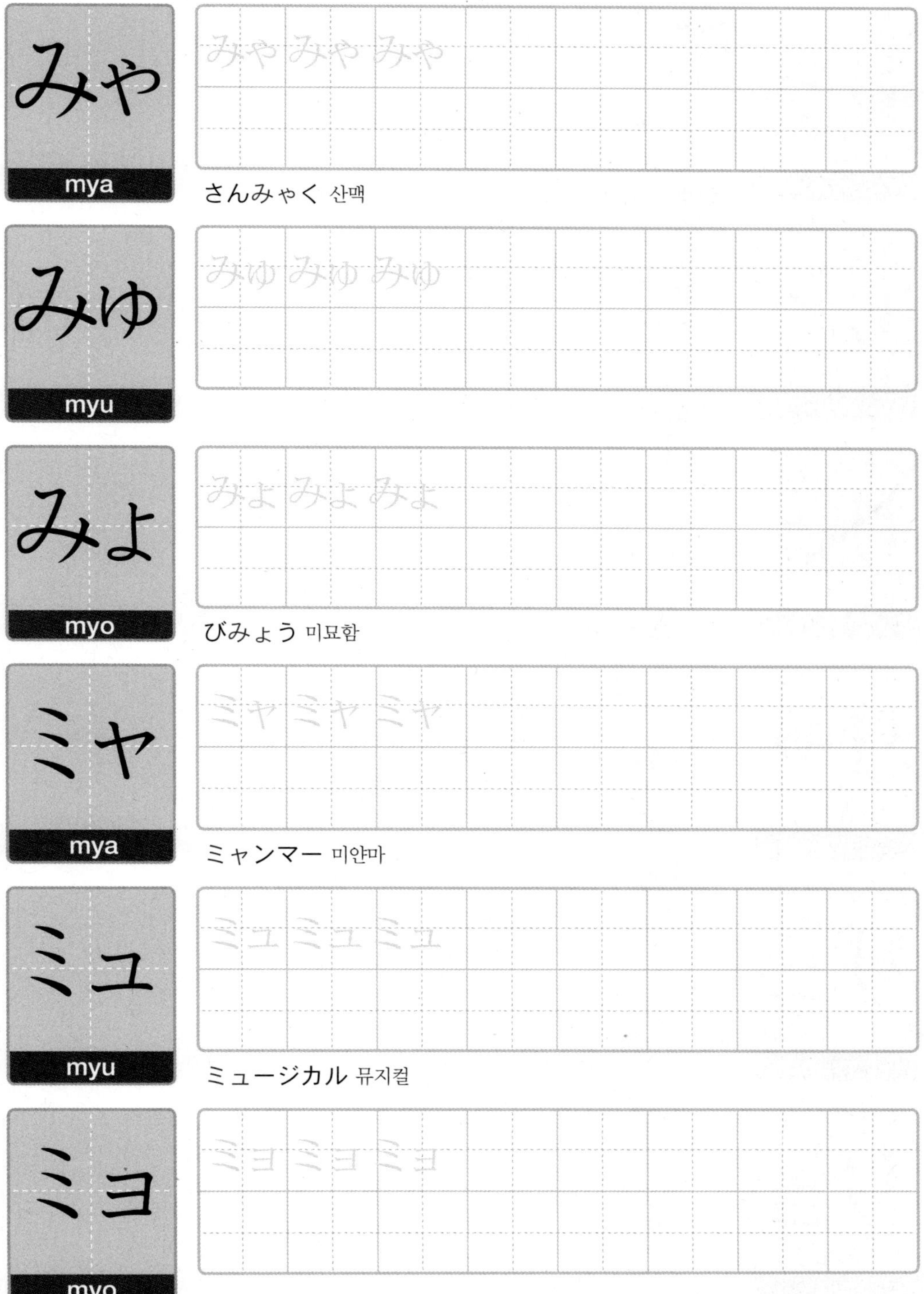
みゃ
mya
さんみゃく 산맥
みゅ
myu
みょ
myo
びみょう 미묘함
ミャ
mya
ミャンマー 미얀마
ミュ
myu
ミュージカル 뮤지컬
ミョ
myo

요음 ら 행

りゃ
rya
しょうりゃく 생략
りゅ
ryu
りゅうがく 유학
りょ
ryo
りょこう 여행
リャ
rya
リュ
ryu
リュック(サック) 배낭
リョ
ryo

헷갈리기 쉬운 글자

あ

お

い

り

め

ぬ

し

も

き

さ

は

ほ

わ

ね

う

つ

え

ふ

れ

わ

る

ろ

な

た

ア					
マ					
フ					
ス					
ウ					
ク					
ヤ					
マ					
エ					
テ					
ン					
ソ					

헷갈리기 쉬운 글자

ワ						
ク						
ユ						
ヨ						
ツ						
シ						
チ						
テ						
ナ						
オ						
ル						
リ						

뜻이 달라지는 단어

きて 오고					
きって 우표					
ねこ 고양이					
ねっこ 뿌리					
おと 소리					
おっと 남편					
がか 화가					
がっか 학과					
まくら 베개					
まっくら 암흑					
かた 어깨					
かった 샀다					

いしゃ 의사	
いしや 석재상	
びょういん 병원	
びよういん 미용실	
いえ 집	
いいえ 아니요	
すき 좋아함	
スキー 스키	
ちず 지도	
チーズ 치즈	
ビル 빌딩	
ビール 맥주	